数字赋能乡村振兴丛书

智治：构建乡村数字治理新体系

盛明科　蔡振华◎著

湘潭大学出版社
XIANGTAN UNIVERSITY PRESS

丛书编委会

总 序

纵观世界文明史，人类先后经历了农业革命、工业革命、信息革命。每一次产业技术革命，都给人类生产和生活带来了巨大而深刻的影响。习近平总书记向 2021 年世界互联网大会乌镇峰会致贺信指出，“数字技术正以新理念、新业态、新模式全面融入人类经济、政治、文化、社会、生态文明建设各领域和全过程，给人类生产生活带来广泛而深刻的影响”。数字时代，以 5G、人工智能、大数据、云计算等为代表的新一代数字技术日新月异，创造人类生活新空间，引领社会生产新变革，催生公众消费新业态，拓展国家治理新领域，极大提升了人类认识世界、改造世界的能力，正创造一个万物互联、万物上云、万物兼数的数字世界。为此，数字政府、数字城市、数字乡村建设成为各个国家推进的战略高点，正不断推进，整个社会加速数字化转型。在此背景下，科学回答好数字革命的“时代之问”、数字经济的“发展之问”、数字治理的“变革之问”，是依托数字推动国家经济社会高质量发展的基础和前提。因此，数字乡村既是乡村振兴的发展方向，也是建设网络强国、数字中国、智慧社会的重要内容。

党的十八大以来，以习近平同志为核心的党中央高度重视信息化工作，将网络强国、数字中国、智慧社会建设上升为国家战略，推动互联网、大数据、人工智能和实体经济深度融合，加快推动农业数字化、网络化、智能化。着眼于乡村振兴战略有序推进，国家出台了一系列政策文件，不断完善数字乡村建设政策支持体系。2018 年，中央一号文件《中共中央、国务院关于实施乡村振兴战略的意见》明确提出“实施数字乡村战略”。《乡村振兴战略规划（2018—2022 年）》提出，要夯实数字乡村信息化基础，加快物联网、地理信息、智能设备等现代信息技术与农村生产生活的全面深度融合。2019 年，《数字乡村发展战略纲要》进一步强调现代数字技术在乡村振兴中的拓展应用，明确分四个阶段实施数字乡村战略。2020 年，《数字农业农村发展规划（2019—2025 年）》提出新时期推进数字农业农村建设的总体思路、发展目标和重点任务。2022 年，中央网信办等十部门印发《数字乡村发展行动计划（2022—2025 年）》，为“十四五”时期的数字乡村建设做出了总体规划。

乡村振兴为新时代乡村建设擘画了美好蓝图，数字技术的快速发展则为乡村振兴提供了全新模式和发展机遇，数字赋能开启了乡村繁荣发展的新篇章。各地各部门积极贯彻党中央、国务院关于乡村数字化建设与发展的决策部署，抢抓农村农业数字化转型机遇，积极发挥数字赋能乡村经济发展、社会治理、民生服务、文化传承等方面的重要作用，促进农业产业链全面升级、农村社会全面进步和农民素质全面发展。数字乡村建设提速助力乡村振兴发展的不断深化，乡村数字基础设施建设全面强化，数字乡村建设的信息“大动脉”初步建成，农业农村大数据成为现代农业发展和乡村振兴的重要资源要素。信息技术在农业生产领域广泛应用，有力地助推农业转型升级。农村电子商务和新型农业的发展，催生了大批乡村新业态。在构建现代乡村治理体系过程中，数字技术发挥着重要作用，信息服务正全面渗透到乡村居民生活的各个方面。

当前，乡村振兴战略正深入推进，数字乡村建设也在如火如荼地全面布局。在乡村生产生活生态日益数字化的背景下，数字赋能乡村振兴秉承何种现实逻辑？具体表现为哪些业态与模式？未来应如何重点推进？这些问题都是摆在理论研究者面前的重要工作，不仅关涉到数字乡村建设系列规划能否切实落地，而且将会影响到乡村振兴战略实施的整体成效。有鉴于此，湘潭大学专门组织编写了“数字赋能乡村振兴丛书”，以国家政策规划为遵循，系统性地揭示数字驱动乡村振兴的内在逻辑，全方位地呈现数字赋能乡村振兴的整体图景，深层次地阐发数字乡村建设的破局关键，多视维地探索新时代乡村繁荣发展的数字进路。从而，希冀为各级乡村管理干部提供一套政策研读、模式借鉴、方法学习和路径创新的参考素材，使之能够以更加饱满的工作热情、更显前瞻的政策视野、更为充实的知识储备和更富成效的方案举措，积极投身数字乡村建设主战场，将数字乡村作为实现乡村振兴的重要抓手，着力提升乡村数字化、网络化、智能化水平，持续促进农业农村现代化转型。

丛书立足新时代国家乡村建设发展新的历史方位，坚持中国特色社会主义乡村振兴道路，面向数字引领乡村高质量发展这一重大需求，紧紧围绕推进数字技术与农业农村深度融合展开谋篇布局。丛书按照构建乡村数字治理新体系、数字赋能乡村产业振兴和智慧农业发展、数字驱动乡村公共服务效能提升、数字赋能乡村文化繁荣发展、数字支撑法治乡村建设、数字重塑乡村社会关系和结构、推进数字乡村信息基础设施建设等主题进行编排，不仅涵盖了乡村振兴目标体系中产业振兴、人才振兴、文化振兴、生态振兴和组织振兴五个方面，同时勾勒出数字时代全面推进乡村振兴的现实指向，整体上顺应“产业兴旺、生态宜居、乡村文明、治理有效、生活富裕”的乡村振兴总要求。

丛书依托湘潭大学习近平新时代中国特色社会主义思想研究中心、湘潭大学乡村振兴与共同富裕研究中心进行策划、组织和编写，汇聚了湘潭大学管理学、经济学、法学和社会学等多学科领域的专家学者，是瞄准重大需求、紧盯学术前沿的一大标志性成果，是推进有组织科研的积极尝试。丛书历时半年完成初稿，期间多次召集团队成员围绕主题、框架、内容、体例、风格等展开研讨和磋商，并经编委会反复论证、修改和完善，最后由湘潭大学出版社审定出版。丛书编写始终坚持政治性与学理性相统一、理论性与现实性兼备、思想性与可读性兼顾，既提供全面系统的规划梳理和深入浅出的政策解读，又以透彻细致的学理分析诠释观点、提炼要旨和反思症结，并且注重语言上的亲和力和思想上的启发性，力求观点权威准确、内容通俗易懂、文风清新简洁。同时，本丛书援引数字乡村建设过程中的先进做法，介绍数字赋能乡村振兴的典型模式，结合场景实例说明农村农业数字化转型的趋势、特点和条件，旨在通过鲜活的现实案例为读者提供更具针对性的指导。在书稿体例上，每本书的文字叙述中都穿插了大量的案例配图，章节结构中设置了知识链接、典型案例和延伸阅读等内容板块，使整套丛书的行文形式更加丰富多样和活泼有趣。应该说，本丛书对于广大干部群众全面地了解农村农业数字化转型的政策形势，系统地学习数字时代乡村振兴的理论知识和实践经验，深刻地把握新一轮科技革命下乡村治理变革的发展方向等，都具有较好的参考价值。

在丛书付梓之际，党的二十大即将隆重召开，这是党和国家政治生活中的一件大事。我们党从成立之日起就把农民生活疾苦放在心上，始终高度重视“三农”问题，历代中央领导集体都对解决“三农”问题进行了不懈探索，形成了既一脉相承又与时俱进、既符合中国国情又体现农业农村发展规律的“三农”战略体系。党的十八大以来，习近平总书记对“三农”工作发表了一系列重要讲话，就数字乡村建设提出了一系列富有创见的新思想、新观点和新要求，为中国特色社会主义乡村振兴道路指明了前进方向。作为理论研究和高等教育工作者，我深深地为党团结带领亿万人民群众打赢人类历史上规模最大、力度最强、惠及人口最多的脱贫攻坚战，书写消除绝对贫困艰巨任务的伟大奇迹，创造减贫治理的中国样本，而感到无比振奋和自豪。我期待，丛书的出版能够为数字时代乡村振兴的理论研究和现实进路添砖加瓦，同时吸引更多的同仁投身这项事业，为开创数字乡村建设新局面，建设农业强、农村美、农民富的美丽数字乡村，最终实现全体人民共同富裕和中华民族伟大复兴的宏伟目标而积极求索。同时，由于时间仓促，关于数字赋能乡村振兴的政策解读和理论阐释仍有待深化，相关经验总结和模式提炼还有待进一步完善。希望湘潭大学继续聚焦深耕，力争推出更多更富现实指导意义的精品成果，为实现乡村振兴这一伟大使命提供理论助力。

《求是》杂志社原社长　李　捷
中国史学会会长

2022年9月

前 言

基层治理是国家治理的基石，乡村是基层治理的重要场域。实现乡村振兴、巩固党的执政基础、满足广大农民日益增长的美好生活需要，需要不断推进乡村治理体系与治理能力现代化。创新乡村治理方式，提高乡村善治水平，不仅要发挥自治、法治、德治的作用，更要充分发挥数字信息技术功能，加强基层智慧治理能力建设。

2019 年 5 月，中共中央、国务院印发的《数字乡村发展战略纲要》明确提出，数字乡村建设对乡村治理效能提升至关重要，要“着力发挥信息化在推进乡村治理体系和治理能力现代化中的基础支撑作用，繁荣发展乡村网络文化，构建乡村数字治理新体系”。乡村数字治理的提出，不仅是对我国乡村治理基础薄弱、治理水平低等现实困境的直接回应，更是党和政府坚持以人民为中心，不断提高基层治理社会化、法治化、智能化、专业化水平的题中之义。

“智治”赋能开启乡村治理现代化新阶段。云计算、大数据、物联网等现代信息技术不断嵌入乡村社会，为乡村社会治理现代化提供了新的发展契机。“智慧党建”“智慧村庄”“积分银行”“智慧法治”等一系列数字化治理新模式在乡村蓬勃兴起。同时，党和国家着力加强乡村数字治理顶层设计和战略规划，制定出台一系列重大改革举措，为构建乡村数字治理体系提供了相对完备的制度框架，更为其指明了新的发展方向。2020年7月，中央网信办等七部门联合印发的《关于开展国家数字乡村试点工作的通知》强调，要“促进信息化与乡村治理深度融合，补齐乡村治理的信息化短板，提升乡村治理智能化、精细化、专业化水平。”《“十四五”国家信息化规划》指出，要“推进乡村智慧治理，探索数字乡村治理新模式，破解乡村治理复杂问题”。《数字乡村发展行动计划（2022—2025年）》提出，要“开展数字治理能力提升行动，完善农村智慧党建体系、推动‘互联网＋政务服务’向乡村延伸、提升村级事务管理智慧化水平、推动社会综合治理精细化。”

“智治”赋能为乡村治理提“质”强“治”。数字化时代的到来为乡村治理插上了信息化翅膀，既为提升乡村治理科学性、时效性等提供了有力的科技支撑，更为乡村治理现代化提供了崭新的方法与路径。这集中体现在以下几个方面：一是打造“智慧党建”，助推基层党建长效化。推进农村基层党建的数字化和智能化，充分发挥信息技术势能，开展智慧党务，加强精细管理；构建线上线下双向结合的党员学习教育体系，夯实执政基础；构建党员智慧服务平台，发挥党组织战斗堡垒功能，提升农村基层党组织引领、动员、组织、服务社会的能力。二是探索村级事务管理智慧化新模式，破解乡村治理复杂难题。数据驱动、信息共享，促进乡村政务服务精准供给；

技术赋能，村务村情及时公开，实现小微权力监管全覆盖；平台构建，拓展乡村治理新载体，激发群众参与活力。三是推进乡村智慧法治服务建设，提升乡村综合治理精细化水平。发挥智慧法律服务平台咨询、援助、调节功能，推动优质法律服务资源下沉，个性化解决纠纷诉求，促进平安乡村建设；开展线上云普法，多层次、多领域宣讲，提升乡村法治宣传针对性、时效性。四是加快乡村德治信息化建设，树立乡村文明和谐新风。创新德治评议机制，建设“道德银行”，实现德治管理的信息化、数字化与可视化；数据驱动乡风文明建设，精准研判乡村情势，补齐乡村德治建设短板；打造立体综合乡村文明宣传高地，规范乡村网络空间内容传播，引领文明风尚。网络化、信息化和数字化技术在乡村治理中的深度介入、运用和发展为乡村治理转型升级注入强大动力。在数字化技术的驱动下，以自治、法治、德治为核心的乡村治理体系要素融合更加紧密、治理效能更为彰显、治理实践更富生机活力。

进入 21 世纪后，互联网、大数据、人工智能、物联网、5G、区块链等技术革命浪潮席卷而来，新一代信息技术不断释放其发展效应，数字化技术的应用与发展推动了社会治理工具、治理行为与治理模式的创新与转型。随着我国数字乡村建设加速推进，乡村数字基建提档升级，各地针对弥合城乡数字鸿沟、补齐乡村信息服务短板、推进乡村治理体系与治理能力现代化建设等方面开展了丰富实践，为进一步提升乡村数字治理建设提供了有益经验。

本书正是基于对乡村社会现实发展的深切观照写就而成，主要有以下特点：

第一，坚持政策解读与理论研究相统一。党的十八大以来，党中央制定出台了一系列推动乡村治理现代化的政策文件，为乡村社会高质量发展提供了体系完备、科学有效、系统有力的制度框架。怎样提炼这些制度政策的内在逻辑，把握这些制度政策发力的关键点，向广大读者准确解读好这些制度政策的丰富内涵、价值追求、重点内容，是本书的着力点。同时，重视从理论层面剖析乡村数字治理体系的基本框架、主要内容及其发展趋向，也是本书特色之一。

第二，坚持理论与实践相结合。综合运用政策分析、理论分析、比较分析、案例分析等研究方法，既注重把握数字技术赋能乡村治理现代化的理论逻辑，也重视梳理数字赋能乡村治理的实践逻辑。通过对我国数字乡村治理建设系列案例的介绍和分析，为读者更加深入理解多样化的治理实践提供基本线索，以期为推动乡村治理体系与治理能力现代化提供理论与实践助益。

第三，坚持思想性和通俗性相融合。任何研究都来源于现实、服务于现实，只有扎根现实社会生活的研究，才是有生命力、有活力、有吸引力的研究。本书阐述了乡村数字治理体系构建的政策背景、基本内涵、理论逻辑和发展方向，力图为读者勾勒出一个较为完整的知识框架，在解释乡村数字化治理体系构建的基本逻辑的同时，致力于讲好中国乡村社会治理现代化的美丽故事。

目 录

第一章
数字赋能“三治结合”乡村治理的新图景

乡村治，百姓安，国家稳。乡村治理是国家治理的基石，也是乡村振兴的基础。随着经济社会快速发展、城镇化水平不断推进、新一代信息技术发展，乡村社会结构和治理体系正发生着深刻变化，客观上要求乡村不断创新治理方式，运用数字技术提升治理水平。数字赋能乡村治理，既能为提升乡村治理科学性、有效性等提供科技支撑，也能为乡村治理现代化提供新的方法路径。为此，要助推数字化赋能乡村治理，着力发挥信息化在推进乡村治理体系和治理能力现代化中的基础支撑作用，塑造乡村数字治理新体系，加快构建共建共治共享的乡村治理格局。

第一节　乡村数字治理的缘起、内涵及特点

乡村治理是一个历史范畴，我国有着悠久的乡村治理传统。不同历史时期，乡村治理所处的环境、使命追求有所不同，导致其主体、对象、机制、方式也不尽相同。亘古以来，乡村治理与传统农耕文明发展息息相关，直到近代以来才被纳入国家治理的轨道。新中国成立

以来，乡村治理经历了多次深层次变革。从治理现代化的视角看，乡村治理具有两重性，既是国家治理的基础，表现为国家治理体系的一部分，又是社会自治的体现，彰显了乡村公共事务的自我管理。站在新一轮信息技术发展的时代前沿，从中国特色乡村治理的历史变迁视角，探讨乡村数字治理的缘起、内涵和特点，对推进乡村治理现代化具有重要意义。

一、乡村数字治理的缘起

乡村治理是指基层组织、政府机构和社会多元力量等主体，通过特定的治理方式，支配和影响乡村公共事务，实现乡村社会有序健康发展的行动过程与方式[①]。我国的乡村治理，经历了从传统治理向现代治理的转变。

我国历朝历代都十分重视乡村治理。在数千年农耕文明的历史演进中，建立在自给自足的自然经济之上，与分散的乡土社会密切相关的乡村治理，是通过征纳赋税、维持治安、寓教于民等手段，确保乡村秩序和谐和国家政权稳固。不管是西周的乡遂制、秦汉的乡亭制、唐代的乡官制，还是到宋代以后的保甲制，乡村社会治理一直保持较稳定的自治状态。然而，在这种“皇权不下县”治理体系下，乡村稳定主要依赖乡规民约、伦理道德、宗法礼俗等非正式制度与乡绅精英的维系。家族和宗族是乡村治理的主要组织形式，以亲属和血缘关系构成人际关系网络，凭借族长、族规、祠堂等形式，对乡民施行伦理教化和治理。几千年的乡村治理辗转相承、绵延不绝，构建起官绅与乡绅精英、宗族相结合的网络结构，积累了极为丰富的实践经验，为

① 乡村治理区别于城市治理。从人口布局和社会结构角度讲，乡村治理是面向规模较小、人口总量不大且分布稀疏、群体结构相对简单的居民点的治理，这与人口众多、群体多元的城市治理相区别；从政治管理与治理结构的角度看，乡村治理是指发生在与实体城市或广域行政区划不同的法定权责和管理模式下的治理，可理解为一种区别于城市的特定治理形态。

确保基层稳定和国家稳固打下了基础，为当今社会治理提供了极为重要的史鉴价值。

晚清以来，在近代工商文明冲击下，传统的乡村社会陷入“数千年未有之变”的境况，保甲制度废弛，新式教育开办，文化治理勃兴，一系列积极且颇具现代治理色彩的举措得以在乡村推行[①]。民国时期，社会精英和主流思想认为，要实现国家对传统乡村社会的整合与有效治理，必须彻底地改造传统文化，将新的文化理念植入乡村社会，彰显了近代以来我国乡村塑造“新民”以“立人”的文化治理逻辑。从晚清到民国时期乡村治理改革的历史可知，中国乡村治理形成了把国家政权、地方精英阶层和乡村社会结合起来的网络结构，重点是实现国家权力干预与乡村资源的互补，确保国家控制与乡村自治之间的平衡，以期实现对乡村的有效控制和管理。

中国共产党自成立以来，百年乡村治理实践大致经历了“政权下乡”“政社合一”“乡政村治”“多元共治”等发展阶段。

土地革命时期，毛泽东同志率先开辟了井冈山革命根据地，在根据地深入开展土地革命、政权建设和武装斗争实践，开始了乡村治理的有益探索。工农红军组织发动群众打倒土豪劣绅，建立了各级工农民主政权。先后颁布《井冈山土地法》《兴国土地法》，在边界各县开展分田运动，满足农民的土地诉求。抗日战争时期，在中国共产党领导下积极推进基层政权建设，通过“三三制”吸纳社会各阶级参与基层政权，鼓励群众组织发动群众从事抗日救亡、社会生产等活动，成为乡村社会重要的领导权威。这一时期，群众组织对彻底瓦解封建保甲制度、拓宽中国共产党的乡村社会基础发挥了重要作用。解放战争时期，各解放区高度重视加强基层政权和群团组织建设，乡村基层政

[①] 最具影响的是由晏阳初主持的中华平民教育促进会开展的“定县实验”，梁漱溟领导的“山东乡建运动”，中华职业教育社在江南进行的农村改进工作，华洋义赈会在河北乡村推行的合作运动。此外陶行知、卢作孚、黄炎培等也开展了不同形式的乡村建设运动。

权仍沿袭参议会制，内战爆发后，基层政权从参议会制转变为人民代表会议制，政权性质也由根据地的民主政权转变为解放区的人民民主政权。中国共产党通过土改运动提高了农民的政治觉悟，使军队有了稳固的后方。

新中国成立后，乡村治理经过了曲折的发展过程。1950 年，国家颁布了《乡（行政村）人民代表会议组织通则》和《乡（行政村）人民政府组织通则》，正式确立了乡与行政村作为农村基层行使行政职权的组织机构。1954 年，撤销行政村建制，县以下统一设置乡、民族乡、镇为农村基层行政单位。1958 年后，乡村逐步推行人民公社制度，形成了党政合一、政企合一、政事合一治理模式，对人民群众生产生活等实行高度集中的管理。这种治理模式使得维系传统乡土社会的非正式制度被削弱，农民高度参与到国家治理事务中来，确保了基层政权的稳固和国家工业化所需的资源，但同时也造成了工业与农业、城市与农村发展的不平衡，形成了城乡分治的二元结构，为后来乡村治理现代化带来了阻碍。

改革开放以来，中国乡村治理发生了翻天覆地的变化。随着农村改革的深入推进，乡村治理模式也逐步实现转型发展。全国普遍推行家庭联产承包责任制，从集体所有、集体经营，改为集体所有、家庭承包经营。家庭承包经营制度的回归，直接动摇了“政社合一”的人民公社体制，极大地调动了农民的生产积极性，使农业生产焕发出勃勃生机。与此同时，乡村治理模式也开始寻求突破。国家逐步废除人民公社、建立乡政府，逐步实现政社分开，至 1985 年 6 月此项工作全部结束。1987 年通过的《村民委员会组织法（试行）》，在总结基层乡村自治实践经验的基础上，用法律形式系统规定了中国特色乡村自治制度的基本内容，明确了村民自治的基本原则是自我管理、自我教育、自我服务，在实践中又具体化为村民的民主选举、民主决策、民主管理、民主监督等四项民主权利和民主制度。

进入 21 世纪，我国正式加入世界贸易组织，农业、农村和农民面临的竞争压力日益增大，乡村治理进入税费改革和新农村建设阶段。为解决好“三农”问题，国家废除了农业税，对农业生产实施补贴，大大降低了农业生产成本，保证了农民种粮的积极性。2005 年，党的十六届五中全会通过的《中共中央关于制定国民经济和社会发展第十一个五年规划的建议》，提出要按照“生产发展、生活宽裕、乡风文明、村容整洁、管理民主”的要求建设社会主义新农村，提出要通过推进城乡统筹发展、推进现代农业建设、大力发展农村公共事业、千方百计增加农民收入等措施来促进农村发展。2006 年中央一号文件强调要完善建设社会主义新农村的乡村治理机制。2007 年党的十七大进一步提出，要“实现政府行政管理与基层群众自治有效衔接和良性互动”“扩大基层群众自治范围，完善民主管理制度，把城乡社区建设成为管理有序、服务完善、文明祥和的社会生活共同体”，这为实现乡村治理现代化提供了重要指引。

中国特色社会主义进入新时代，我国农村发展出现了许多新情况、新问题，对乡村治理也提出了许多新要求。面对城乡二元分治、农村脱贫攻坚任务繁重、乡村“空心化”“老龄化”和治理“碎片化”、生态环境恶化、基本公共服务供给不均衡不充分等难题，党领导乡村治理进行了许多实践探索和创新。这些探索和创新集中体现在，更加强调党建对乡村治理的引领作用，“农村工作千头万绪，抓好农村基层组织建设是关键”；更加注重由单一治理向多元协同式治理转变，进一步理顺村委会和党支部在乡村治理中的关系，推动由过去单一依靠政府，向政府、基层党组织、农民群众、其他社会组织和社会化服务机构协同治理转变；更加注重治理方式多样化，由单一行政命令、运动式推进向多元平台互动、广泛协商民主转变，通过治理重心下移、网格化、精细化、智能化治理等，切实解决人民群众普遍关心的热点、难点问题。

[延伸阅读]

中国共产党领导乡村治理的四个阶段

1921—1949年　政权下乡

土地革命时期，建立农村革命根据地，进行武装斗争，开展土地革命；抗日战争时期，积极推进乡村基层政权建设，成立各类群众组织；解放战争时期，高度重视农业生产，重点加强基层政权和群团组织建设。

1949—1978年　政社合一

废除地主阶级封建剥削的土地所有制，把土地分配给农民耕种，为农民融入新生的人民政权打下了经济基础。重塑基层政权，规范乡村的基层组织建设，从法律上明确乡镇政权在乡村的合法地位，为我国乡村基层政权奠定了制度基础。伴随着社会主义改造，乡、镇建制逐渐被初级社和高级社所取代，形成了典型的政社合一体制。

1978—2012年　乡政村治

实行家庭联产承包责任制，推动农村形成统分结合的双层经营体制，农业生产焕发出勃勃生机。村民委员会成为我国基层群众性自治组织，基层政府逐渐恢复乡（镇）建制，乡村治理开始由政社合一向村民自治转变。废除农业税，对农业生产进行补贴，千方百计增加农民收入，促进农村发展。

2012年至今　多元共治

强调党建对乡村治理的引领作用，重视农村基层党组织建设，加快完善乡村治理机制。由单一治理向多元协同式治理转变，村两委边界更加开放，沟通更为顺畅，关系更加协调，联动性更强。乡村治理的重心由过去专注“大事”转向关注群众身边的“小事”“常事”，力求务实化、具体化、精细化。

（资料来源：《国家治理》，2021年第3期，作者：李楠）

乡村数字治理体系则是近年来伴随着新一代信息技术的快速发展、新基建的加快推进、数字乡村建设的蓬勃发展，内嵌于数字乡村建设而兴起的一种新的乡村治理形态。当前，数字化技术已经成为驱动全球经济社会发展的关键力量，以5G、大数据、云计算、区块链、人工智能为代表的新一代信息技术深入赋能农业农村各领域、各环节，正在深刻改变农业生产和农民生活方式。“十三五”期间，我国已建成全球最大规模的固定和移动通讯网络。截至2021年底，农村宽带接入用户总数达到1.58亿户，农村网民规模达2.84亿，农村地区互联网普及率为57.6%。数字和信息技术渗透到经济和产业领域，成为农业农村发展的新引擎，让生产更加省工省力，更融入到农民的日常生活中，改变了人们的思维逻辑、交往方式和消费习惯。技术革命催生产业革命，技术创新引领治理形态。在这样的背景下，乡村治理也要适应数字化变革的新趋势，用数字赋能乡村治理，推动管理和服务的精细化、智能化和高效化。

二、乡村数字治理体系的内涵

乡村数字治理体系作为一种发展中的治理形态，必然承袭传统乡村治理体系的经验和优势，同时充分挖掘5G通信、大数据、人工智能、云计算等新一代信息技术的价值，赋能数字乡村建设，全面提升农业农村生产智能化、经营网络化、管理高效化、服务便捷化水平，以数字化引领驱动农业农村现代化，为实现乡村全面振兴提供有力支撑。明晰乡村数字治理体系的内涵，首要在于回顾和介绍乡村治理体系的构成要素和功能定位，关键在于精准把握数字乡村的目标要求和战略举措，核心在于充分认识党领导乡村治理的强大优势，基础在于“三农”“三治”间的匹配集成和协同优化。

乡村治理经历了农业社会、工业社会和信息社会等不同时代的演变，时至今日，它在国家治理和发展转型过程中所发挥的价值愈来愈明显，党和国家治理的根基也得到了有力的巩固。乡村治理不是无据可循、任性发展的，它离不开乡村治理体系的规约，离不开正确的战略方针政策的指引，更离不开与时俱进、内生驱动式的远见卓识。立足新的历史坐标，党的十九大提出乡村振兴战略，并强调要健全自治、法治、德治相结合的乡村治理体系，其也就成为推进乡村治理和发展的重要武器。它的构成要素主要有四个方面，即以党的基层组织为核心，以村民自治组织为主体，以乡村法治为准绳，以乡村德治为基础，发挥四者所寄予的目标功效，面临着一系列系统性、全局性和整体性的工程任务，这意味着乡村治理体系正处在渐趋完善、不断发展的过程之中。

从功能定位看，党的基层组织是乡村治理体系的核心，只有坚持党的领导核心地位和正确引领，构筑科学高效的乡村基层组织体系，乡村治理才会有坚强的领导力量。村民自治是乡村治理体系的主体，发挥着中国特色社会主义制度的优势，能从制度和实践层面真正实现人民当家作主，尊重村民、自治组织和社会组织等的主体性地位和权利，从而凝聚乡村治理合力。乡村法治是乡村治理体系的准绳，推动广大村民、干部和政府部门坚持依法办事、依法行政，塑造和维护乡村治理的规制秩序，维护乡村全体人利益，提升乡村治理的法治化水平和制度权威。乡村德治是乡村治理体系的基础，将道德感化、精神引领、观念熏陶、伦理规范置于乡村治理中，通过弘扬主旋律和正确价值观，培育文明乡风、良好家风、淳朴民风。

乡村数字治理体系便是基于上述内容的延伸和发展，是与时俱进、守正创新的时代呼唤，它区别于传统乡村治理体系最明显的方面是数字生产能力和数字资源体系，总体发展趋势体现为产业数字化和数字产业化，着眼和落脚于数字乡村驱动下的治理体系变革和治理实践创新。对接数字乡村的目标要求，乡村数字治理需要回应农业农村现代化、数字化生产力、乡村经济发展政策体系、乡村现代化经济体系、现代乡村社会治理体系等诸多方面的发展，这些内容为乡村数字治理体系建设提供了方向指引。2019 年 5 月，中共中央办公厅、国务院办公厅印发的《数字乡村发展战略纲要》重点任务较为全面，涉及加快乡村信息基础设施建设、发展农村数字经济、强化农业农村科技创新供给、建设智慧绿色乡村、繁荣发展乡村网络文化、推进乡村治理能力现代化、深化信息惠民服务、激发乡村振兴内生动力、推动网络扶贫向纵深发展、统筹推动城乡信息化融合发展等十大方面，为乡村数字治理体系的构建与完善提供了现实参照和行动依循。中央网信办等 10 部门印发《数字乡村发展行动计划（2022—2025 年）》，提出“到 2025 年，数字乡村发展取得重要进展”，强调“培育形成一批叫得响、质量优、特色显的农村电商产品品牌，乡村网络文化繁荣发展，乡村数字化治理体系日趋完善”。在此之前，一系列有关乡村数字化和振兴发展的政策文件密集出台，如《中共中央、国务院关于实施乡村振兴战略的意见》《乡村振兴战略规划（2018—2022 年）》《国家信息化发展战略纲要》《数字农业农村发展规划（2019—2025 年）》《2022 年提升全民数字素养与技能工作要点》等。

从系统论视角看，乡村数字治理体系有智慧党建、智慧自治、智慧法治、智慧德治、数字基建、数字业态和模式等要素，彼此融合共存、互依互促，共同构成了数字乡村治理格局。数字乡村治理格局意指各治理主体（党组织、村民、自治组织、社会组织和市场等）充分挖掘、运用和整合数据资源、要素资源和平台资源，解放和发展数字生产力，提升农民数字素养与技能，以实现农村高效能治理、农业高质量发展和农民高品质生活的目标。从结构关系观之，乡村数字治理体系包括数字治理主体及其能力、数字治理客体及其需求、数字治理手段及其运用、数字治理功能及其效果、数字治理政策及其运行、数字治理实践及其考评、数字治理价值及其发展，这些都应是思考乡村数字治理体系如何构建和完善的必要内容，有的提供体系运行的方向指导、有的提供体系原则和内容设计的参照、有的反思体系内容及运行的问题。换言之，乡村数字治理体系兼顾本体论、认识论和方法论的统一，要实现数字技术的价值理性和工具理性的统一，要平衡乡村治理的传统和现代的关系，最终要回归乡村治理的本质。

三、乡村数字治理体系的特点

数据驱动。乡村数字治理体系的构建和运行均要有数据资源作支撑，离开数据也就无法准确有效地掌握相关信息，无法开展数字化的生产经营和服务活动，某种程度上还会造成治理失灵失效的结局。数据驱动是乡村数字治理体系的基础和前提，承担着衔接各治理主体互动合作、高效生产、便捷生活等功能，而数字化的本质也在于数据的独特利用和价值创造，因此，数据驱动也将直接促进数字乡村的建设。从作用的途径看，数据驱动主要通过大数据、云计算、人工智能等技术形态来实现，在乡村治理的应用场景包括自然资源调查监测、国土空间规划、永久基本农田等数据库。从作用的阶段看，数据驱动包括数据获取、数据分析、数据应用和数据反馈四个环节，数据获取直接决定了后续数据利用进展，充分挖掘数据也成为乡村数字治理的必要课题。数据分析关系到数据的利用方向和空间，在分析之前对各类数据的处理也必不可少。数据应用直接作用于乡村数字治理实践，直接影响着广大村民的切身感受，也直接体现了乡村数字化的水平。数据反馈是长期高效利用数据、进行数据价值创造的重要因素，其不能局限于对有误数据的删除，还应对有价值的数据进行叠加式的反馈，开展数据各阶段利用的考评工作。在认识和创造数据资源的价值过程中，要始终坚持数据驱动的合法合规性，注意数据隐私安全保护和伦理道德问题。

协同融合。乡村数字治理体系体现为系统性、整体性和全局性的战略、政策、制度和资源要素的配置，各要素间保持协同性和融合性，否则就会出现“政策打架”“效果抵牾”等。协同融合要求乡村数字治理体系实现多方面的革新，让乡村实现“三治”融合、数字技术与治理实践融合、乡村治理主体的合作共治、治理资源和手段的互补互促。乡村自治、法治和德治是乡村治理体系的内在要求，三者间的融合离不开价值引领、资源整合和技术赋能等。数字技术在赋能乡村“三治结合”过程中，还得把握技术更多尚未开发应用的场景，让数字技术融入乡村数字治理的全方位和各环节。乡村治理主体也要培育合作共治的意识，特别是面对一些涉及多领域、多层面的问题，合作的价值就会得到充分的彰显。此外，正是由于数字赋能，各治理主体的合作变得更加便捷、高效，如推进农村电商和“互联网+”农产品出村进城，鼓励采用邮快合作、快快合作、驻村设点、快商合作等多种方式。对于治理资源和手段的协同融合，体现在实现数据的互联互通，推广村级基础台账电子化，建立统一的“智慧村庄”综合管理服务平台之上。应当注意的是，乡村数字治理体系的协同融合旨在实现更高效能的治理目标，对于尚未达成协同融合条件的领域要循序渐进、分类指导，避免出现“好心办坏事”或“协同后反而无力承担”的现象。

平台聚力。乡村数字治理一大亮点是数据驱动下的平台运作，平台为处理问题、化解矛盾、提供服务或产品等提供了新的机会，让村民、自治组织等更加直接和便捷地享受服务，平台聚力构成了乡村数字治理体系的显著优势。一方面，各类线上平台，如移动互联网应用程序（App），能够尽可能地聚合各类资源，聚焦某一产品或服务，对参与者进行针对性、个性化和定制化的服务，让服务更加有温度和效度。另一方面，线上平台可以减少不必要的时间成本和试错成本，比如农机生产 App 与无人机在稻田农药喷洒方面的使用，帮助农民进行更加高效的生产活动，提升产业效益和附加值。数字技术驱动的平台有着不同类型的形态，对农业农村发展而言，信息终端和服务供给十分重要，鼓励开发适应“三农”特点的信息终端、构建为农综合服务平台等成为当下数字乡村建设的热点。尽可能地开发和利用各类平台，发挥出平台的集成优势、协同优势和高效优势，帮助实现数字乡村的各领域发展。在着眼线上平台的开发时，要瞄准乡村数字发展的现实需求和规律要求，实现精准性和针对性的平台开发建设，同时也可发挥数字技术优势驱动各类线下平台的运作。

价值创造。数字技术作为乡村治理的重要驱动力，必然会创造价值，既有有形层面的价值，如财富和产品的积累，也有无形层面的价值，如获得感和进取心。价值创造是乡村数字治理体系的重要表征之一，这和数字技术、数字生产能力等密不可分，价值创造的多少也要取决于技术和能力的高低。某种程度上而言，数字乡村的价值创造过程也就是乡村数字治理体系的建设过程，乡村数字治理体系为指导数字技术价值创造提供了必不可少的基础保障。工具理性要求做到技术和效率的高度追求，忽视根本性的价值和目的，而价值理性则强调行为本身所代表的价值，是一种理性的注意力。因此，价值创造应该不断超越工具理性和价值理性的冲突，在实现乡村善治中要突出效率和公平、法治和人治、人情和道德等关系的本质意义，既不能陷入追求一方的超载，也不能陷入难以两全的无视。从价值的维度看，乡村数字治理应当放在国家治理的大环境中考虑，从而也就形成了个体的、集体的、国家的价值定义，也包括不同领域和群体的价值指向，无论是哪一种价值创造，只要能够得到历史和实践的检验，就发挥出了技术赋能的应有功效。然而，在信息时代，为追求更加美好的生活，人类社会也总是处于通过技术治理不断追求价值创造的过程。

全域智治。数字技术赋能下的全域智治是指在乡村既定区域或网格内实现了管理和服务的全覆盖，实现资源和产品供给的全覆盖，极大地缩减了时间和空间距离，拉近了乡镇（街道）、村（社区）与村民、自治组织等主体的交流距离。全域智治是乡村数字治理优势的集中反映，借助乡村全域信息化手段，设置综合指挥中心，推动全域智慧治理、协同治理，契合数字乡村和乡村振兴战略的发展要求。全域智治从全景融合、全域感知、全维赋智等方面发挥作用，能够较好发挥数字赋能乡村治理的“力度”“精度”和“深度”。如构建政府、派出所、村社、网格员四级联防联治平台体系，对于处置应急事件发挥了重要作用。全域智治需要把握多个部门、多个业务、多个群体间的信息沟通和共享，要实现对乡村自治事务、公共事务等方面的信息采集、动态处置、流转办理、分析研判，形成全面覆盖、实时反应、多级联动、动态跟踪的网格化乡村管理服务平台。这一平台将全域人员信息进行登记后，迈出了全域智治的关键一环，后续还可能进行诸多体制机制层面的改革和全域智治的配套改革举措等，持续性地完善和优化乡村数字智治体系。

第二节　乡村数字治理体系构建的现实逻辑

党的十八大以来，我国乡村治理内生动力进一步增强，乡村治理资源不断下沉，乡村社会持久、长期、全面稳定的制度基础已经基本形成。推进国家治理体系和治理能力现代化，破解乡村治理难题必须坚持基层探索和顶层设计良性互动，更加注重乡村治理现代化建设的系统性、整体性、协同性。在推进乡村治理现代化进程中，建立健全党委领导、政府负责、民主协商、社会协同、公众参与、法治保障、科技支撑的现代乡村社会治理体制和自治、法治、德治相结合的乡村社会治理体系，坚持以人民为中心的发展思想，实现乡村善治和乡村社会长期稳定发展。

一、全球进入数字经济时代

随着农业经济、工业经济的迅猛发展，人类社会已然迈入了以信息技术为特征的数字经济时代，典型标志是大数据、云计算、人工智能、区块链等新一代信息技术的广泛运用，在经济领域依托各类技术手段形成了经济新业态、新模式以及新的生产方式和生产能力。数据资源在这一阶段成为继土地、劳动力、资金、技术后又一新兴的生产要素，对人类社会的生产生活、治理方式和发展模式产生了深刻影响。由于数字经济覆盖和影响全球，国家之间的交往格局和方式、国家经济社会发展导向和国家治理体系都相继发生新的变革，为我国的治理现代化进程也带来了新的机遇和挑战，应对这些变化应顺势而为、乘势而上。

顺应数字经济时代的要求。数字经济是以数据资源为基础，以信息技术平台为支撑，以技术创新研发和应用为动力，以生产和发展为目标，形成的一种不同以往任何时期的经济模式和特征。买卖双方在数字经济模式下的交易或互动会变得更加畅通和高效，政府治理手段和模式更加多元，社会公众生产生活也充满更多的可能性，等等。然而，上述的理想状态或美好愿景，也要建立在遵循数字经济的发展要求和原则的基础之上，否则技术“赋能”很可能会滑向技术“负能”，不利于技术的善用和价值的创造。在治理视域下，我国乡村治理离不开各类经济生产和交易活动，经济基础决定着上层建筑，技术的利用也影响着治理实践的发展走向，因此，乡村治理要符合数字经济时代的发展要求。乡村数字治理体系是体现数字经济时代要求的重要产物或催生物，这是因为乡村数字治理体现出数字技术的本质属性，符合数字经济对治理变革的方向，也注重体系的系统整合和协同优化，内嵌于数字技术具有的系统性和协同性等特征。顺应数字经济对生产方式、生活方式和治理方式的新要求，如何打造数字经济基础上的数字治理模式，显然是国家治理转型的现实命题。乡村数字治理转型是国家治理现代化转型的根基工程，同时乡村数字治理体系为数字治理提供了支撑动力和方向，进一步而言，数字治理体系的构建也要从根本上顺应数字时代的要求，不断助力数字治理和数字经济建设。

享受数字技术浪潮的红利。数字技术的发展成为推动社会发展的重要动力和催化剂，其具有对社会问题抽象化表达、连续性追踪和合作行动网络塑造的功能，帮助实现对复杂社会问题的简约化治理[①]。乡村治理作为最低层级政府和社会公众直接交流和互动的方式，是帮助

① 向玉琼:《流动社会中数字治理的优势、风险与完善》，载《探索》，2022 年第 2 期。

国家治理稳住基本盘和巩固基层根基的战略安排，也是落实为人民群众服务的主要检验场。因而，基层治理所要面临和承接的公共治理事务十分繁杂艰巨，直面广大人民群众的考验，关照群众的所急所盼所需。处在数字化发展的新浪潮中，乡村治理的价值内涵和要求也要更新，在传统治理内涵和要求的基础上，应当提升乡村政务服务、自治等数字化效能、丰富数字化公共产品与服务供给，开拓数字化治理人文反思的乡村治理数字化路径，推动数字赋能乡村治理的实践探索[①]。凭借国家治理的制度、理念、文化与人才等多重优势[②]，数字红利将在治理实践中得到充分释放，乡村数字治理体系的构建正当其时，这需要凝聚乡村智慧、乡村力量和乡村经验，不断把握治理数字化转型的规律和要求。

国家治理现代化的内在驱动。从治理现代化的角度看，党和国家领导人为探索现代化历程作出了一系列战略部署和行动努力，现代化发展的内涵随着时代要求发生了相应的转变，这符合历史规律、发展规律和时代规律。中国式现代化道路是在长期实践中形成的，既是积极回应“时代之问”的科学选择，又是基于世界历史和中国实践的伟大创造[③]。为适应数字化转型的发展，国家对数字治理进行了统筹性的顶层设计，要求乡村治理也要顺应数字化的要求。乡村治理在我国经历了传统乡土社会“礼主法辅”的无讼自治，近代以来演变为“崇法抑礼”，而新时代的“三治结合”超越了长期以来礼法对立的思维局限，在传统文化基因与现代治理理念耦合创新的基础上，将乡村治理推向“中国式现代化”的善治新阶段[④]。这在很大程度上回应了国家治理现代化的战略安排，形成乡村治理融合于和服务于国家治理现代化

① 王晨：《基于公共价值的城市数字治理：理论阐释与实践路径》，载《理论学刊》，2022 年第 4 期。
② 朱荟：《数字老龄化的中国优势：释放数字红利》，载《中国特色社会主义研究》，2022 年第 2 期。
③ 付文军：《中国式现代化道路的四重阐释及其整合》，载《探索》，2022 年第 3 期。
④ 孔祥成、刘芳：《中国乡村治理现代化的演进逻辑与路径选择》，载《江淮论坛》，2022 年第 2 期。

的发展大局，乡村治理组织体系、乡村治理内容体系、乡村治理运行体系、乡村治理保障体系四位一体的现代化乡村治理体系[①]，也要顺应现代化的新需求和新特征实现数字化的转型，以数字赋能现代化乡村治理体系的构建，实现乡村智慧治理。

二、信息技术推动乡村数字化转型

“三农”问题一直是备受关注的重要民生问题，在改革发展进程中面临了诸多挑战，数字技术的突飞猛进也为其带来了新的机遇，如何利用信息技术手段实现对“三农”问题的时代化和智慧化回应，是乡村治理数字化转型和现代化建设的重大现实课题。信息技术驱动“三农”发展的实践证明，乡村数字治理转型具有较强的生命力和深远意义。

数字赋能农村高效能治理。乡村治理问题是“三农”问题的关键，治理成效与水平能够决定乡村整体自治、法治和德治风貌，事关乡村长期稳定发展，直接影响党和国家治理根基建设。数字赋能下的乡村发展包括“数字经济、数字生态、数字文化、数字民生、数字治理”五大维度[②]，数字治理离不开前面四个内容的支撑，同时也要发挥基础设施建设、组织建设和人才建设的作用，在基建赋能、组织赋能和人才赋能等基础上，探索和创新乡村数字治理模式，全方位推进乡村治理的系统性工程。信息技术如大数据在乡村治理中发挥着不可或缺的作用，对于村民信息的搜集和分析能够实现对村民信息的动态高效掌握，针对相关问题精准地提供治理之策。一些地方采取在农村推广“互联网 + 党建”、建立健全农村基层党建信息平台、加强党员干部远程教

① 邱春林:《新时代乡村治理体系现代化的路径选择》，载《中南民族大学学报（人文社会科学版）》，2022 年第 7 期。
② 武小龙:《数字乡村治理何以可能：一个总体性的分析框架》，载《电子政务》，2022 年第 6 期。

育等措施，有效提高了党务工作管理效率。在一些综合性的党务村务服务平台上，村民可以实现与村干部及乡镇干部的直接互动，也可以对相关公开事务进行及时了解，对自身诉求或建议进行及时上报，这不仅提升了双方互动的效率，而且也能够实现治理价值的创造。数字赋能乡村治理的有益实践正在催生着乡村数字化转型，也在呼唤着乡村数字治理体系的系统构建和优化。高效能治理的乡村治理目标也离不开数字治理体系的支撑和指引，数字技术在治理实践中的效能释放具有不可估量的潜力和不可预测的前景。

数字赋能农业高质量发展。农业是农村发展的主要动力支撑，其发展效果是衡量农村整体水平的主要指标，农业的发展带有几千年流传至今的经验和智慧，在国家发展转型中发挥了重要的基础性价值。乡村各方面的建设需要大量的、持续的财力投入，完全依靠国家兜底并不现实，必须增强乡村的“造血功能”，依靠集体经济增强乡村治理的“硬核”能力①。在坚持以农业第一产业为主的发展时，也要融入第二、第三产业，实现产业的融合式、共生式发展，挖掘乡村多元发展潜力，增强乡村建设内生动力。数字技术在农村产业发展中发挥了重要作用，帮助产业提升生产效率、降低生产运营成本、转型升级产业模式、增强产业的附加值等。在乡村制度性趋同、竞争性趋同和模仿性趋同的交织影响下，如何创造性地引入数字治理制度、资源和技术，成为填补乡村产业数字转型缺位或不足的重要选择。大数据等技术已被应用于农业生产监测与产量提升、农产品市场趋势预测等农业生产、经营的各个环节，如北斗智能终端，实现向精准播种、培育转变，提升了农业生产经营效能，较好满足了农业生产和发展的实际需求。乡村数字治理体系也需在这个过程中及时跟进发展，更好指导乡村产业的兴

① 衡霞：《组织同构与治理嵌入：农村集体经济何以促进乡村治理高效能——以四川省彭州市 13 镇街为例》，载《社会科学研究》，2021 年第 2 期。

旺发展。

数字赋能农民高品质生活。生活品质的追求在社会主要矛盾转变下也具有了新的内涵，农民更加注重精神生活和物质生活的兼容互补，追求更高层次和水平的生活，富裕富足不仅要体现在物质生活上，还要体现在精神生活上。新时代解决“三农”问题的战略目标是乡村全面振兴，推动农业全面升级、农村全面进步、农民全面发展[①]，要让农民这一职业得到更多人尊重和向往，着力增进农民的生活福祉。数字技术在改善农民生活质量，增强获得感、幸福感方面发挥着积极作用。随着服务数字化的推进，数字惠民空间得到进一步拓展，“互联网 + 教育”“互联网 + 医疗”等业务形态的出现，让群众能够享受到各类便捷、高效和高质的服务。农民高品质生活的追求越来越离不开数字技术赋能的介入，要想技术优势或价值在这一过程中得到长期、持续和有效的发挥，离不开数字技术治理体系的指引，更为宏观而言，需要发挥乡村数字治理体系的长期性和深远性作用。从而，让数字赋能农民高品质生活有着明确的方向指引、行动框架和过程保障，确保“三农”问题得到稳妥、有效的解决，并发挥数字赋能乡村振兴的强大作用。

三、乡村治理还存在一些薄弱环节

传统乡村治理体系和实践存在着相应的不足，难以实现乡村善治目标，推进乡村治理现代化转型。乡村数字治理体系的构建来源于乡村治理实践的不足，带有超越现状和改进发展的目标。传统乡村治理存在多元治理主体凝聚合力不足、体制机制不健全、治理的碎片化和内卷化等问题，这些问题在实践层面催生和呼唤了数字时代乡村数字

[①] 郑有贵:《着力解决“三农”问题 推动乡村振兴》，载《红旗文稿》，2022 年第 10 期。

治理体系的构建。

多元治理主体凝聚合力有待提升。传统社会管理思维挤压社会治理主体参与空间。新中国成立后，“单位制”成为社会管理与组织的基本模式，社会成员的诉求经由所在单位向上传递，并在单位组织内部解决。改革开放后，市场经济迅速发展，“单位制”逐步瓦解，企业和社会团体治理能力不断提升，但一些基层政府仍然沿用原有的管理模式，出现了基层治理的缺位与越位情况，这就间接抑制了社会主体参与基层治理的积极性，不利于治理资源与手段的利用。“村两委”行政化倾向明显，治理动能不足。“村两委”是农村村民自治的重要主体，承担着组织群众开展自我决策、自我管理、自我服务的重要功能。但“村两委”的行政化可能导致村干部以向上负责取代向下负责，使得部分乡村建设可能与基层实际需要脱节，并出现“干部干、群众看”的现象。村民参与公共事务积极性不足。长期以来，受政府包办惯性的影响，部分村民仍习惯于将政府视为乡村治理的唯一主体，未能正视其自身的治理责任与作用，这一方面受到政府自身管理方式的影响，另一方面与社会治理组织机制和平台的缺乏有关。从集体行动逻辑看，社会治理存在“搭便车”难题，如果缺乏强有力的组织机制作支撑，即使村民自身拥有较为丰富的行动资源也难以形成治理合力，而数字治理体系在应对这一方面问题上具有不少优势。

现代治理体制机制有待健全。随着市场化、信息化水平不断提升，乡村熟人社会逐步消解，乡村经济和社会秩序结构逐步式微，乡村面临“再组织化”难题。首先，基层党组织建设有待增强。党的领导是中国特色社会主义事业不断进步的根本保障。然而，有些农村基层党组织软弱涣散现象突出，部分地方基层党组织和党员管理不规范，党员教育和服务意识有所弱化，党员先锋模范带头作用不明显，青壮人口流出、党员队伍老龄化加剧，这影响了党组织领导功能的发挥。其次，村民自治制度有待优化。随着基层治理标准化、民主化的不断推进，村民自治规范化、科学化程度不断提升，村民自治制度在乡村治理中的作用愈发彰显，有力地保障了村民当家作主的权利。但存在民主决策中的协商不足、民主监督中的效度不高、民众参与公共事务的渠道有限等问题，仍需进一步完善和发展村民自治制度来加以根本解决。最后，城乡二元结构制约乡村治理资源留存能力。乡村治理的主要问题之一是缺乏充足的治理财力与人力资源支撑，城市对乡村优秀人才的汲取更加重了乡村治理资源的流失。因此，如何解决城乡间发展不均衡、不协调难题，促进治理资源回流和技术赋能发展是提升乡村治理能力的关键，具体要加快推进城乡融合发展建设，让数字赋能乡村治理，适当加大资源和技术向乡村倾斜配置力度，为乡村治理提供丰富的数字治理资源，充分吸引人才。

治理的“碎片化”和“内卷化”问题。乡村治理主体的碎片化。从纵向来看，体制条块分割导致其管理资源和治理目标难以精确对接乡村治理需求，乡镇与乡村之间的注意力分配存在适配难的问题，所关注的治理重点和治理需求存在一定的匹配难题；从横向来看，乡村治理主体高度分散，青壮年流出使得乡村治理主体出现性别与年龄失衡，而选任的大学生村官由于任期原因难以发挥长久化的治理功能，下派到村的“第一书记”也存在相似的难题。“内卷化”最初被用来概括农业生产中出现的“有增长而无发展”现象，后来被用以描述基层行政治理主体脱离既定组织目标的“空转”状态。乡村治理“内卷化”在部分乡镇政府和“村两委”都有不同程度体现，主要表现为治理越来越精细，但治理目标与治理效能逐步偏离组织目标。其内在机制一方面与不合理的激励考核制度所引发的目标替换有关，另一方面，与“村两委”的行政化紧密相连，即乡镇治理任务向行政村下沉，导致“村两委”变成只对乡镇负责的执行机构。“内卷化”会引发乡村治理主体间的脱嵌，形成基层治理“悬浮”效应，并会进一步加剧乡村治理主体之间的割裂，妨碍乡村共建共治共享格局的形成。

四、中国共产党推进乡村治理的历史自觉

中国共产党领导和引领乡村治理的历史实践表明，党在推进乡村治理方面尤为重视，先后经历了不同时期的发展转向，并延续着现代化的发展目标，持续性推进乡村治理体系和能力建设，无不彰显出党推进乡村治理的历史自觉。深受新一代信息技术的影响，党在坚守乡村治理传统的同时，也适应性地引入数字技术赋能乡村治理实践，引导乡村治理进行数字化转型，加速推进乡村治理现代化进程。这一过程充分体现出党推进乡村数字治理的理念自觉、行动自觉和创新自觉。

党推进乡村数字治理的理念自觉。乡村治理的发展演化受到党的领导和引领的根本性影响，先后经历了新民主主义革命时期以政党动员为特征的乡村治理、社会主义建设时期以政党统合为特征的乡村治理、改革开放新时期以政党引领为特征的乡村治理、中国特色社会主义新时代以政党领导为特征的乡村治理等四个发展时期①。党在四个时期均坚持贯穿人民性的价值理念，突出满足人民群众对发展的需求，坚持人民利益至上的基本立场。遵循乡村现代化治理的发展目标，党始终致力于朝着推进乡村建设发展的方向努力，乡村治理迎来了自治、法治与德治的融合发展局面，取得了一系列建设成效。我们党敏锐地观察到数字时代对乡村治理的挑战和机遇，体现出长期积累的理念自觉，号召全国各地顺应数字时代发展，在推进治理变革中主动作为，各地乡村数字治理也提上了议程，并在实践中不断试点和创新。党在推进乡村数字治理中强调坚持党的领导这一核心要求，不断发挥党的

① 侯万锋、丁志刚：《中国共产党百年乡村治理：特征、经验与转向》，载《青海社会科学》，2022年第2期。

引领作用、整合作用和凝聚作用，一以贯之地坚持以人民为中心的治理理念，朝着乡村治理现代化方向奋力迈进。党善于从历史和时代互动中汲取充足的养分，抓住了数字时代乡村治理的方向、重点和核心关切，有助于实现乡村现代化意义上的全面振兴、共同富裕等目标。

党推进乡村数字治理的行动自觉。党在推进乡村治理中会充分发挥出自身的优势，如政治优势、组织优势、群众优势和资源优势，充分利用各种资源手段，如数据资源、平台手段和数字技术，实现乡村治理的目标。在坚持问题导向上，党会依据所处阶段基层治理的突出问题进行针对性地分析和施策，对于化解数字赋能下的乡村治理问题，我们党也体现出了强有力的行动自觉，运用多套机制和工具，包括党建领导机制、核心价值引领机制、利益协调机制和制度治理机制，实现乡村数字治理的目标。党在数字赋能乡村治理方面的基本经验包括对多元主体、多元文化、多元利益的整合或协同[①]，让数字技术更好服务于乡村治理实际问题的解决。同时，还有以坚持党的领导为根本保证、以人民为中心的治理理念、以乡村问题化解为导向、以制度法律政策有效供给为方式、以党建引领、“三治”融合和数字治理为路径的实践经验。党推进乡村数字治理应当蕴含着乡村治理的领导方式、组织模式和治理范式的转向，在实践中要对数字治理进行不断创新，提炼总结，积极推广。换言之，在推动乡村数字治理中，应充分积累经验，要不断反思问题，还得善于创造技术价值。

党推进乡村数字治理的创新自觉。新时代乡村治理必须实现从组织化到再组织化的跨越发展，体现为政党嵌入、政治吸纳和社会生产的综合过程[②]。我们党在乡村再组织化过程中发挥着引领性和创新性的价值，在政党、国家和社会三者互动中，党体现出强有力的统合功能，

① 蔡文成、朱荣康：《农村基层党组织整合治理：优势、内涵与路径》，载《求实》，2022年第3期。
② 王为、吴理财：《嵌入、吸纳与生产：新时代乡村再组织化的过程与逻辑》，载《社会主义研究》，2022年第3期。

从而实现三者相互配合、融合和互动的合力。实事求是、与时俱进是我们党的优良作风，创新也是党的方针政策所倡导的，在创新经济社会发展实践中，党形成了宝贵的创新自觉。在推进乡村数字治理的过程中，党建引领治理创新的模式较为丰富，如“枫桥经验”“最多跑一次”“接诉即办”“一件事一次办”等，对于数字乡村建设具有重要而深远的借鉴意义。新时代党建引领乡村数字治理创新的实践探索，让使命动力、经验动力与绩效动力汇聚强大的复合动力，为构建和优化乡村数字治理体系提供了实践经验参照。从现实来看，以深化基层机构改革、构建区域化党建工作体系、向基层赋权赋能等为创新方式，将基层党组织的领导作用和资源优势转化为基层治理效能的创新过程[①]，需要将党建与治理深度融合，以数字治理体系的优化构建来指引乡村数字治理的实践。

第三节　乡村数字治理体系构建的重要意义

问题是时代的声音，改革是前进的号角。党的十九大报告提出，要健全自治、法治、德治相结合的乡村治理体系，提高社会治理智能化水平。当乡村发展际遇数字时代，传统治理邂逅信息化、智能化浪潮，构建乡村数字治理体系，通过数字治理助推乡村振兴高质量发展，提升乡村治理现代化水平，加快健全自治、法治、德治相结合的乡村治理体系，成为大势所趋。

一、助推乡村振兴高质量发展

脱贫攻坚取得全面胜利后，应该建设什么样的乡村，怎样建设乡

① 邸晓星、黎爽：《基层党建与基层治理的双重变奏——党建引领基层治理创新研究综述》，载《中共天津市委党校学报》，2021年第1期。

村，这是我们面临的也必须回答的时代问题。以习近平同志为核心的党中央从党和国家事业全局出发、着眼于实现“两个一百年”奋斗目标、顺应亿万农民对美好生活的向往，做出全面推进乡村振兴的重大决策。《乡村振兴战略规划（2018—2022年）》指出，要牢固树立新发展理念，落实高质量发展要求，坚持农业农村优先发展，按照产业兴旺、生态宜居、乡风文明、治理有效、生活富裕的总要求，建立健全城乡融合发展体制机制和政策体系，加快推进乡村治理体系和治理能力现代化，加快推进农业农村现代化，走中国特色社会主义乡村振兴道路，让农业成为有奔头的产业，让农民成为有吸引力的职业，让农村成为安居乐业的美丽家园。随着以5G、移动互联网、云计算、大数据、人工智能等为代表的新一代信息技术日益融入农业农村各个领域，数字技术发展正在深刻影响和改变广大农民生产生活方式，成为全面推进乡村振兴的助推器。

数字赋能产业兴旺。当数据和信息成为当今时代新型生产要素，将推进农业资源配置系统的重构，推动乡村多业态融合发展，促进乡村产业结构优化升级，创新农产品电商新业态、新模式，带动产业结构向纵向化、多样化发展。构筑现代化农业信息体系，能使畜禽养殖、田间管理、机械装备等更加智能，对提高农业生产效率、增加农民收入具有重要作用。搭建农业数字化共享平台，能够将农业生产、管理、销售体系进行数字化融合，全面激发农业新活力，带动产业链延伸、价值链提升和供应链智能化发展。

数字赋能生态宜居。对于乡村生态环境保护来说，用好数字技术，能精准识别、及时追踪新发生的生活生态环境问题，为科学保护、系统治理提供支撑，为乡村生态治理体系和治理能力现代化提供新方法。数字技术时代，将依托大数据技术和数字化集成平台，推进乡村的空气、水、土壤等生态环境指标实时动态监测，打造智慧高效的乡村生态环境数字化治理体系，有助于提升生态环境智慧监测监管水平，完善生态环境综合管理信息化平台，实现乡村环境治理一体化动态治理与管控。

[典型案例]

张家港南港村：搭建“一图一码一云”智慧平台

为不断提升生态宜居水平，张家港市南港村以农村人居环境整治提升行动为契机，搭建“一图一码一云”智慧平台，用数字赋能人居环境整治提升，描绘了一幅“云上”美村美乡景。

村辖区新增50余个监控摄像头，对村域范围的道路、河道、垃圾亭、秸秆垃圾临时堆放点等进行全天候监控，村委工作人员可通过智慧平台实时掌握。通过数字化手段“云”上构建河道智慧监管场景，河道安装水质检测等各类传感仪器，实时显示水位、水质、pH等数值，河岸安装监控设施，监控各类河道和环境损害行为。依托该平台构建了“人在格中走、事在网上办、网格全覆盖、服务零距离”的乡村“智治”格局。村民还可利用“智慧南港”小程序，将人居环境相关问题上传平台，村委立收立办，工作人员直达现场，在6小时内将相关诉求处理完成。

（资料来源：《这个村厉害了！数字赋能让乡村治理变“智”理》，搜狐网。）

数字赋能乡风文明。习近平总书记指出：“要推进城乡公共文化服务体系一体建设，优化城乡文化资源配置，完善农村文化基础设施网络，增加农村公共文化服务总量供给，缩小城乡公共文化服务差距。”[①]构建乡村数字治理体系，能将文化、文明、向善的精神追求与数字载体深度融合，发挥技术力量支撑作用，深入推进农村精神文明建设，加快补齐乡村公共文化短板，让文明乡风融入农村发展和农民生活，使乡亲们享有更加充实、更为丰富、更高质量的精神文化生活。上海市宝山区合建村建立“乡村治理积分制板块”，村民每月线上签署文明生活承诺书，通过线上签署承诺申报书、线下评定、积分兑换三个环节，将“荣誉”挂钩实物，实现积分兑换生产生活物资，构建起乡风文明的长效机制。

数字赋能治理有效。乡村数字治理体系的构建，可以推动政务服务网上办、马上办、少跑快办，提高群众办事便捷程度。依托于数字技术的远程教育、智慧医疗，对推动城乡教育、医疗资源的均衡化，提升乡村人口素质和社会保障水平具有积极作用。另外，“互联网 + 社区”“互联网 + 公共服务”以及数字网格技术在乡村的推广，能有效增强乡村组织动员、社会整合、态势感知、纠纷解决、风险防范能力，提升乡村治理能力现代化水平。

数字赋能生活富裕。生活富裕是乡村振兴的根本，也是最终的民生目标。在数字经济时代，利用电商和直播平台等数字资源，绿水和青山的价值更容易被推广，可以有效激发乡村发展潜能。数字技术推动实现农产品与消费市场的直接对接，促进农产品销售数字化，极大拓宽了农民增收的渠道。新一代信息技术深入农业生产各个环节，通过数字赋能实现发展动能转换，从而可以让小农户在转型中共享数字红利。同时，发展数字经济与共同富裕目标高度契合，数字经济的高技术特征和分享性特征，既为经济增长提供了动力，也为均衡发展提

① 《习近平谈治国理政》(第四卷)，外文出版社 2022 年版，第 311 页。

供了共享机制，可以在高质量发展中促进共同富裕。

二、提高乡村治理现代化水平

乡村治理是国家治理的重要部分，在基层治理中占主导地位。乡村治理现代化的核心是推进治理体系与治理能力现代化。数字乡村建设的推进，不仅有效推动了乡村产业的升级跃迁，推进数字经济的快速发展，而且也对乡村治理主体、治理规则、治理能力、治理方式带来了深刻的冲击，给乡村治理带来了深层次影响和结构性优化。

数字技术助推乡村治理制度建设。现代治理的核心是制度化治理。乡村治理体系现代化，重在加强党领导人民有效治理乡村的制度建设。制度化治理在价值规则设置和社会行动的互构间形成，制度为行动者提供稳定性环境和合法性手段，个体行动和社会实践选择强化制度的有效性[①]。数字治理条件下，乡村治理过程透明性更为彰显，权责清单、规范办事流程和公开程序都能有较好保障，特别是有助于建立保障村民权利和参与机会的利益诉求表达机制。因此，乡村数字治理体系建设，对于实现在党的统一领导下推进乡村治理制度化、规范化提供了技术支撑和规则导引，能保障乡村治理的稳定性，提升乡村治理的公信力和有效性。

数字技术助推乡村治理机制建设。乡村治理现代化理当是政府治理、社会调节和村民自治间的良性互动。民主的治理意识、开放的治理机制、多元化的治理参与，事关乡村民主政治建设和基层治理现代化。加强乡村数字治理体系建设，运用新一代数字信息技术推进乡村治理，让整个乡村治理吸纳技术赋能，能摒弃传统的一元化思维，改变管理式的工作方式，更加突出科学、公平、正义，最大限度地吸纳多元治

① 李三辉：《乡村治理现代化：基本内涵、发展困境与推进路径》，载《中州学刊》，2021 年第 3 期。

理主体参与乡村发展，提高乡村治理的民主化、科学化。在数字治理环境下，实行民主选举、民主决策、民主管理、民主监督，能有效保障村民直接行使民主权利，规避基层政府大包大揽、村民委员会自治性缺失、村民参与度不高、基层民主落实不够等治理问题。同时，各类社会组织、经济组织和其他民间组织，都能在数智平台中参与治理，获得参与乡村公共事务治理的权利和机会，形成全方位多层次的协商治理格局。

数字技术助推乡村治理能力建设。乡村治理现代化是综合运用多种手段力量，发挥多种治理资源的比较优势与整体合力，依托新一代信息技术基础上的“互联网 +”治理模式，推动乡村治理从粗放走向精细，实现乡村治理智能化、高效化、精准化。利用新一代信息技术改善传统治理模式，如优化群众办事网络平台、建立阳光村务公开平台等，推进乡村信息资源收集、处置、反馈的互联共享，提高乡村治理信息覆盖度、效率值，能实现乡村治理的信息化和专业化。在数字治理情境下，乡村治理往往是以精准结果为导向的精细化治理，能把更多的资源下沉到基层、推动治理重心下移，构建覆盖乡村的网格化治理网络，以网格解决民众问题、为村民提供精准服务。

[典型案例]

广德市东亭乡：“微治理”谱写乡村振兴大文章

作为全国乡村治理示范乡，近年来，东亭乡始终把实现乡村有效治理作为乡村振兴的重要抓手，通过“微整治”“微积分”“微平台”“微网格”等“微治理”模式，不断提升乡村精细化管理水平，努力打造共建共治共享的乡村治理新格局，以

“微治理”谱写乡村振兴大文章。

聚力“微整治”，扮靓村容村貌。近年来，东亭乡以建设美丽宜居新乡村为导向，将美丽乡村建设、人居环境整治和“五清一改”工作有机结合，整合各类资源，动员各方力量，解决好道路硬化、污水治理、卫生改厕等突出问题，引导村民自发参与村庄整治，推进畜禽圈养，打造精品“五小园”，全力推进农村人居环境整治“再提升”。

巧用“微积分”，激发自治活力。为进一步巩固农村人居环境整治成果，东亭乡积极探索“积分制”管理模式，发挥生态美超市建设实效，设置了组织建设、美丽乡村建设、移风易俗、畜禽圈养等多类积分项目，并由村（社区）书记牵头，“两委”干部包片，村民组长、党小组长为网格员，全程做好积分纪实。通过“表现换积分，积分兑奖励”的方式提高村民参与乡村治理的积极性，规范引导村民日常行为，乡风文明治理水平持续提升。

搭建“微平台”，打造数字乡村。数字乡村建设既是乡村振兴的战略方向，也是释放数字红利、催生乡村发展内生动力的重要举措。为完善全乡信息化基础设施建设，加快建设数字乡村，2020年以来，按照乡村振兴示范片区建设要求，东亭乡搭建起集乡村党建、乡村治理、乡村产业、乡村文旅、乡村卫健等五个功能于一体的智慧东亭乡大数据平台，通过数字赋能，为全乡社会治理和服务注入“智慧基因”，从而提升乡村治理智能化、精细化、专业化水平，加速乡村振兴。

下沉“微网格”，强化治理效能。东亭乡将网格党建作为抓党建促基层治理提升的重要一环，以党建为统领、以网格为基础，将矛盾调处、信息摸排、疫情防控等事项全部纳入网格管理，推进“多网合一”。全乡6个村（社区）划分为17个网格，每个网格配备一名网格员。以基层党建“网格化”推动基层治理“精细化”，实现“身边事不出网格，小事不出村（社区），大事不出乡”，切实增强群众的幸福感、获得感、安全感。

（资料来源：《广德市东亭乡：党建引领“小网格”做实乡村治理“大文章”》，宣城先锋网。）

数字技术助推乡村法治体系建设。法治精神是现代社会秩序的主要支撑和重要保障。从保障机制上看，法治是乡村治理现代化的坚实后盾，乡村治理现代化是法律法规体系完备、法治环境良好的状态，要求治理主体能够自觉运用法治思维和法治方式深化改革、推动发展、化解矛盾、维护稳定、应对风险。在数字化浪潮迅猛发展的历史新时期，推进乡村治理现代化必须将依法治理作为根本原则，充分发挥法治在保障民众权益、维护市场秩序、保护生态环境、协调矛盾冲突等方面的规范作用。

实施网格化智能管理调解模式，探索“线上线下同化解、行业属地相衔接、组织机构齐服务”的云调解模式，健全乡村公共法律服务机制，运用新数字技术持续做好困难群众的法律援助工作，营造有法可依、有法必依的乡村法治环境。充分运用抖音、微信等拥有庞大受众群体的直播平台，定期发布法治政府、普法信息、宣传海报等相关内容，进行常态化、多载体的法治宣传教育，提升基层干部和人民群众的法治素养，增强乡村治理主体依法办事的能力，切实提高乡村法治文明程度。

当然，数字技术运用嵌入乡村治理，既要体现作为国家治理体系结构组成的共性，又要能够彰显乡村这一特定场域的内在属性。新一代数字技术赋能乡村治理，一方面，必须因地制宜，牵住“信息要素”

这一牛鼻子，推动信息整合，提升治理体系的数字化和智能化水平。另一方面，信息整合需要提纲挈领，围绕乡村党建、村务管理、应急管理、疫情管理等提供有力支撑，在治理主体、治理方法、治理机制等方面，发挥出更为精准、持续、有效的治理能力。

三、加快构建共建共治共享的乡村治理格局

新时代的乡村治理，要迎接数字时代，激活数据要素潜能，以数字化转型驱动乡村治理方式变革。《“十四五”国家信息化规划》指出，要“构筑共建共治共享的数字社会治理体系”，优先推动基层治理等领域信息化专项行动，优先开展基层智慧治理能力提升行动，让人民群众在信息化发展中有更多获得感、幸福感、安全感。因此，构筑乡村数字治理体系，是加快构建共建共治共享的乡村治理格局的基本前提。

共建是中国特色社会治理制度的基础。我国在社会治理的实践过程中，逐步形成了“一核多元”的治理模式，“一核”即中国共产党是领导核心，“多元”即多元社会治理主体共同参与。当前在不同的乡村治理领域，“一核多元”的治理模式主要呈现出五种不同的实践类型：党建引领型是指基层党组织通过党建引领，整合政府、社会和市场力量，推动社会治理目标的实现。政府主导型是指基层政府在社会治理中发挥主导作用，统筹推进参与社会治理的各个相关利益主体协商共治。社会组织驱动型是指社会组织通过扮演社会资本的链接者与社会政策的执行者等角色，有序推进相关领域的社会治理实践创新。企业带动型是指企业家在党的领导和政府支持下，有效利用自身资源，带动其他主体共同参与社会治理。能人带领型是指由精英带领不同的社会治理主体一起，共同推进社会治理。通过在不同的社会治理领域，探索构建不同类型的社会治理模式，可以改变社会治理中“上动下不

动”“体制内外难互动”等现象，切实提升乡村治理水平。

共治是乡村治理有效应对数字化挑战的客观需要。数字化时代的到来，对乡村治理创新来讲既是新机遇，也是新挑战。新机遇是指通过大数据和互联网技术的广泛运用，可以推动乡村治理模式创新，提升社会治理的效能；新挑战是指数字化技术的发展，使社会环境日益复杂化，深刻改变着人民的行动逻辑，对社会安全稳定带来的影响持续增强。因此，需要积极推动数字技术创新与社会治理创新相结合，为构建共建共治共享的社会治理新格局提供数字技术与治理理念的双重支撑。数字化时代的社会治理需要正确认识时代的机遇与挑战，在坚持总体国家安全观的基础上，探索以“共治”为底层逻辑，以“化危为机”为理论逻辑，以“人民至上”为实践逻辑的整体性治理运作机制，才能有效地将时代机遇转化为应对挑战的武器，构筑起维护国家安全的屏障，保障社会稳定与人民幸福。

共享即共同享有治理成果，共享是共建共治的目标，也是衡量社会治理成效的最终依据。推进社会治理共建共治共享，其最终目标是实现治理成果的普惠化，让广大人民群众能够享受经济社会发展的红利。要实现社会治理成果的普惠化，需要围绕如何实现公平正义、改善民生、实现共同富裕和规避中等收入陷阱等问题展开。中国共产党立党为公、执政为民的理念，以及全心全意为人民服务的根本宗旨，为实现社会治理成果普惠化提供了政治保障；公平正义观为实现社会治理成果普惠化提供了价值保障；分配制度的不断变革与完善，为实现社会治理成果普惠化提供了制度保障。成果共享是中国特色社会治理制度不断创新发展的根本目标，这进一步体现了坚持人民主体地位的基本要求。

数字化浪潮奔涌向前，深刻影响着人们的生产生活方式。利用大数据、人工智能、物联网等信息化手段支持乡村治理科学决策、精准施策，是适应社会治理新形势，构建社会治理新格局，推进社会治理现代化的重要内容和必然要求。要加快乡村治理数字化转型，提升效率，畅通渠道，服务便民，让乡村社会更加充满活力、和谐有序，让广大农民在乡村善治中不断提升获得感、幸福感、安全感。

第二章
智慧党建：农村基层党组织建设长效化

推进乡村治理现代化，要坚持农村基层党组织的领导，全面加强农村基层党组织建设，充分发挥农村基层党组织在国家与乡村社会关系中的双向调适作用。但是，受农村空心化、信息传递碎片化等多重因素影响，部分农村基层党组织出现弱化、虚化、边缘化问题，战斗堡垒作用发挥不足。以大数据、人工智能、5G、云计算等信息技术为内核的新一轮技术革命的到来，为农村党建提供了新思路、新方案。

第一节　农村基层党建的政策要求与现实差距

中国共产党领导是中国特色社会主义最本质的特征，是中国特色社会主义制度的最大优势。党的十九大明确指出："要以提升组织力为重点，突出政治功能，把企业、农村、机关、学校、科研院所、街道社区、社会组织等基层党组织建设成为宣传党的主张、贯彻党的决定、领导基层治理、团结动员群众、推动改革发展的坚强战斗堡垒。"[①] 推进

[①]《习近平谈治国理政》(第三卷)，外文出版社 2020 年版，第 51 页。

农村党建迈上新台阶，要以加强农村基层党组织建设为基础，充分发挥农村基层党组织在国家与乡村社会关系中的双向调适作用，既要引导国家力量自上而下为民服务，也要整合带动社会力量自下而上参与乡村治理。但值得注意的是，当前农村党建的实际情况与政策要求还存在一定差距，离乡党员活动参与度不足、党员教育个性化不足、“三务”公开覆盖面不足、社情民意收集效率较低等问题仍然存在。

一、加强农村基层党组织建设

习近平总书记明确指出：“党的基层组织是确保党的路线方针政策和决策部署贯彻落实的基础。”① 在乡村治理体系中，农村基层党组织居于国家之下且位于社会之中②，既是连接国家权力与乡村社会的坚实桥梁，也是推进乡村治理现代化的核心领导力量。换言之，国家公共权力能否为民服务且获得民众支持，乡村社会能否健康发展且实现共建共治共享，关键在于农村基层党组织建设是否过硬，重点要以加强政治建设为根本，以强化队伍建设为支撑，持续深化与乡村社会的融合程度，不断增强自身的凝聚力和战斗力。

加强农村基层党组织的政治建设。习近平总书记指出，“不从政治上认识问题、解决问题，就会陷入头痛医头、脚痛医脚的被动局面，就无法从根本上解决问题。”③2019 年，中共中央印发的《关于加强党的政治建设的意见》明确提出，要凸显党的政治建设的根本性地位，聚焦党的政治属性、政治使命、政治目标、政治追求持续发力。农村基层党组织的政治建设，关键在于坚决维护党中央的权威和集中统一领导，全面深入推进党的创新理论飞入寻常百姓家，不断增强农村基

①《习近平谈治国理政》(第三卷)，外文出版社 2020 年版，第 51 页。

② 许晓、季乃礼:《村级党建、治理重心下移与乡村振兴——基于 Y 村党员“包片联户”制度的田野调查》，载《西南民族大学学报(人文社会科学版)》，2021 年第 3 期。

③《习近平谈治国理政》(第三卷)，外文出版社 2020 年版，第 118 页。

层党组织的政治性、时代性和战斗性，推动广大农村党员坚定政治信仰、提高政治能力，学懂弄通党的政治立场、政治方向、政治原则、政治道路，时刻坚持以人民为中心的价值理念和行动指向。唯有农村基层党组织自身讲政治，才能具备足够的创造力、凝聚力与战斗力，才能在引领乡村治理中把握好为人民谋福祉的科学路径。

加强农村基层党组织队伍建设。农村党员是党的形象的具体体现者，是党的各项决策部署的最终执行者。农村基层党组织之所以具有强大的凝聚力和战斗力，之所以能在国家与社会之间发挥领导、沟通、整合的作用，关键在于拥有一支作风硬、能力强的党员队伍。2019 年，中共中央印发的《中国共产党农村基层组织工作条例》明确指出，“村党组织领导班子应当由思想政治素质好、道德品行好、带富能力强、协调能力强，公道正派、廉洁自律，热心为群众服务的党员组成”“党的农村基层组织应当加强和改进流动党员教育管理”“注重从青年农民、农村外出务工人员中发展党员”。但值得注意的是，农村基层党组织与流动党员和外出务工人员、上级党委与农村党员干部在工作生活场域上空间距离较远，受有限注意力和传统管理工具的制约，党组织难以准确、全面、深入地掌握农村党员群众发展状况。如何准确评估外出务工人员的入党动机和综合素质，如何及时发现农村党员干部的苗头性、倾向性问题，如何面向农村党员干部开展有个性、有内容、有实效的教育管理，如何从农村党员队伍中选拔敢担当、善作为的农村带头人，是各级党组织必须正视的重要问题。

扩大农村基层党组织的覆盖面。中国的国家与社会关系，实际上形成于一个以党的组织体系为载体的权力组织网络基础之上[①]。一个“纵向延伸到底、横向覆盖到边”的农村基层党组织网络，有助于加强党组织对全体农村党员的教育管理，提升农村党员对党组织的归属感，

[①] 林尚立:《中国共产党与国家建设》，天津人民出版社 2017 年版，第 185 页。

强化党组织的凝聚力与战斗力。对国家与社会而言，有助于密切党同广大农民群众的血肉关系，推动国家政策的贯彻落实和村情民意的向上反馈，实现党对农村经济、政治、文化、社会、生态文明建设的全面领导。党的十九大明确指出，要推进党的基层组织设置和活动方式创新，扩大基层党组织覆盖面，着力解决一些基层党组织弱化、虚化、边缘化问题。习近平总书记在主持十九届中央政治局第二十一次集体学习时进一步强调，“要坚持大抓基层的鲜明导向，持续整顿软弱涣散基层党组织，有效实现党的组织和党的工作全覆盖，抓紧补齐基层党组织领导基层治理的各种短板”①。但是一方面，随着一大批村民的外出务工，农村空心化、农村党员流动性强等现象日渐突出，如何引导农村党员群众加强学习交流、积极参与农村事务管理，是摆在农村基层党组织面前的新问题。另一方面，农村基层党组织的党员队伍人数有限，如何将有限的注意力聚焦集中、有限的信息资源扩大化，全面把握农村社会发展实情，是农村基层党组织实现全面覆盖必须解决的关键难题。

二、坚持党建引领乡村治理现代化

农村工作艰巨繁杂、千头万绪，既要发展集体经济，带领广大村民发家致富、迈向共同富裕，也要维护基层社会稳定、加强公共服务供给、建设美丽乡村等。现实来看，乡村社会人才不足、资源匮乏等问题日益凸显，亟须国家在政策资源、财政资源、人力资源等方面予以支持。但是，国家是遵照理性科层制运行的组织，自下而上讲求层层向上负责，若农村基层党组织力量有限，不但容易丧失与多元社会的亲和，而且还可能压缩社会空间健康发育的余地②。换言之，在乡村

① 《习近平谈治国理政》（第四卷），外文出版社 2022 年版，第 504 页。

② 许晓、季乃礼：《村级党建、治理重心下移与乡村振兴——基于 Y 村党员“包片联户”制度的田野调查》，载《西南民族大学学报（人文社会科学版）》，2021 年第 3 期。

治理体系中，国家需要发挥农村基层党组织的领导作用，紧紧依靠权威性高、覆盖面广、凝聚力强的农村基层党组织，推进党和国家决策部署在乡村社会落实、落细、落地。

坚持党对农村工作的全面领导。农村基层党组织作为国家与乡村社会的连接桥梁，是“三农”政策的最终执行者，是保障国家力量为民服务的最后一道关卡。党的十九届四中全会明确指出，“我国国家制度和国家治理体系具有坚持党的集中统一领导，坚持党的科学理论，保持政治稳定，确保国家始终沿着社会主义方向前进的显著优势”。在农村工作中，农村基层党组织要时刻坚守“为人民谋幸福、为民族谋复兴”的初心使命，充分运用群众路线、调查研究、民主集中制等工作方法，推动国家权力、国家资源、国家治理重心向基层民生热点领域倾斜，确保实现增进村民福祉、推动乡村社会高质量发展的目标。但是，如何全面准确把握广大农民热切期盼解决的痛点、难点、堵点问题？如何全面科学评估广大农民的获得感、幸福感、安全感？如何确保国家的力量资源真正落实落地？仍是农村基层党组织建设亟待解决的难题。

重视发挥农村基层党组织的政策宣传作用。推进乡村治理现代化，既要坚持以人民为中心的政策导向，也要做好党和国家政策的宣传解读工作，引导村民自觉成为政策执行的重要力量。在乡村社会，农村基层党组织拥有坚实的群众基础和一支过硬的党员干部队伍，是宣传解读党和国家政策的重要主体。2018 年中共中央印发的《中国共产党支部工作条例（试行）》明确指出，党支部的基本任务之一是宣传党的理论和路线方针政策，宣传党中央、上级党组织及本党支部的决议。农村基层党组织综合运用多种群众喜闻乐见的宣传形式，比如组织宣讲、标语横幅、交流分享、言传身教等，向广大村民及时、全面、详细、深入地介绍了“三农”政策，帮助村民解答政策疑惑、疏导负面情绪、统一思想认识[①]，有效提高了村民对党和国家政策的理解程度、信任程度、支持程度。值得注意的是，目前农村基层党组织的政策宣传形式虽然多样，但多为线下宣传形式，宣传对象难以覆盖全体村民尤其是外出务工人员，并且政策宣传效果过度依赖本村党组织的宣传能力，难以充分调动多元社会主体力量资源以形成政策宣传合力。

三、构建“一核多元”的协同共治体系

2019 年，中共中央办公厅、国务院办公厅印发的《关于加强和改进乡村治理的指导意见》明确指出，要建立健全党委领导、政府负责、社会协同、公众参与、法治保障、科技支撑的现代乡村社会治理体制，构建共建共治共享的社会治理格局。在多元化社会背景下，市场、社会组织、村民等多元治理主体的力量迅速成长，他们各自掌握了不同的治理权力、治理资源和治理优势[②]，但彼此间在利益与观念方面存在一定的差异与冲突。乡村治理是一个复杂的系统工程，单纯依靠党和国家自上而下的治理行为难以实现乡村善治，必须坚持在党的领导下，激活和凝聚多元主体的治理力量，为推进乡村治理现代化汲取自下而上的蓬勃动力。概言之，推进乡村治理现代化，要加快构建“一核多元”的协同共治体系。

农村基层党组织要为多元主体参与乡村治理提供信息资源。多元主体根据其掌握的乡村社会在社会基础、现行政策、发展困境、发展规划等方面的信息，调整自身参与乡村治理的具体行为。换言之，只有当多元主体对乡村社会有一定了解，且相信自身行为可以对乡村社会发展产生影响的时候，多元主体才会开始参与乡村治理；只有当多元主体充分掌握乡村治理的历史、现状及未来的时候，多元主体才能

---

① 全国干部培训教材编审指导委员会:《全面加强党的领导和党的建设》，人民出版社 2019 年版，第 126 页。
② 张紧跟:《党建引领：地方治理的本土经验与理论贡献》，载《探索》，2021 年第 2 期。

将自身的治理资源准确投入推动乡村社会发展的关键环节。对此，《关于加强和改进乡村治理的指导意见》明确指出，要完善党务、村务、财务“三公开”制度，实现公开经常化、制度化和规范化。农村基层党组织要自觉、及时、全面地提供组织建设、公共服务、脱贫攻坚、工程项目等方面的信息资讯，提高村民对村民自治制度和对乡村社会发展的信心，帮助并引导村民发现乡村社会发展的症结所在和改进方向，为企业投资农村建设、社会组织提供公共服务、村民提出意见建议等指明方向。但值得注意的是，当前的“三务”公开工作多通过线下的公开栏开展，数量有限的纸张难以全面且详细地阐述乡村治理现状，位置固定的公开栏也为村民获取乡村治理信息造成了障碍，长期离乡的村民更是无法了解乡村治理信息。

农村基层党组织要充分收集并回应多元主体参与治理的需求。多元主体协同共治的突出特征在于，民情民意可以自由畅通地自下而上影响国家力量的运用。农村基层党组织作为连接国家与乡村社会的桥梁，要充分发挥其政治优势、组织优势和密切联系群众优势，主动收集村民对乡村治理的意见与建议，并将村民声音及时反馈给上级党组织和政府有关部门，确保民情民意能真正运用在政策制定、政策执行等诸多环节。但值得注意的是，目前农村基层党组织主要通过走访、座谈等线下方式收集民情民意，虽然可以同村民面对面地深入交流，但还无法掌握离乡务工的村民、不愿发声的村民的意见建议，从而无法对全体村民的意见建议有一个整体掌握。此外，如何将收集到的民情民意及时、完整、有效地向上级党委政府反映，如何排除工作效率低、个人理解偏差、个人利益冲突多等外在人为因素对民情民意收集的负面干扰，是农村基层党组织有效回应多元主体治理需求的一大难题。

农村基层党组织要发挥整合多元主体治理合力的引领作用。在现代社会，多元治理主体拥有各自独特的治理优势，但如何整合多元治理主体分散化、碎片化的治理资源，协调多元治理主体间的利益冲突和观念差异，让多元治理主体发挥出“1+1>2”的系统效应，并且朝着正确的政治方向前进[①]，是农村基层党组织亟须解决的难题之一。一方面，农村基层党组织积极主导构建村民代表大会、联席会议、座谈会等多元主体间的对话平台，动员多元主体积极参与农村公共事务治理，引导多元主体达成有利于乡村社会发展的治理共识。但是实际上，多元主体间存在一定程度的利益矛盾和冲突，如何为多元主体提供更为常态化、便捷化的交流渠道，如何为多元主体长期提供全覆盖的、高质量的思想政治教育，是农村基层党组织需要进一步深入思考的现实课题。另一方面，农村基层党组织探索推进多元治理主体间的信息整合与共享。但是，不同治理主体均掌握了一定数量的、不同种类的信息资源，单纯依靠农村基层党组织有限的人力资源，信息整合的质量与效率难以保障，隐藏在海量信息背后的乡村社会的发展规律、发展问题、发展机遇难以挖掘。

第二节　智治之于农村党建的必要性

农村基层党建的实践情况与政策要求的主要差距在于党员离乡带来的党组织活动覆盖率不足、层级壁垒带来的信息传递效率不高、部门壁垒带来的信息“碎片化”等。“智治”是将大数据、云计算、物联网、区块链和人工智能等新兴信息技术充分运用治理领域，将“智治”引入农村基层党的建设，可以有效提升农村党建质量，切实发挥农村基层党组织在乡村振兴中的战斗堡垒作用。

① 韩冬雪、胡晓迪：《社区治理中的小区党组织：运作机理与治理效能——基于党、国家与社会关系的研究》，载《行政论坛》，2020 年第 3 期。

一、打破活动开展的时空障碍

“智治”助推农村党建活动突破时空障碍，为村级组织活动提供技术支持。近年来，受部分农村党员群众离乡的影响，“三会一课”、民主评议党员、村民代表会议等活动，长期存在人不齐、走过场、没活力等问题，给农村基层党组织建设、多元主体协同共治带来了不同程度的消极影响。随着新一轮技术革命的兴起，多媒体技术、流媒体技术、5G 技术、广播级摄像机技术等日益成熟。一方面，农村智慧党建借助可实现异地联动、多人在线的网络音视频直播互动技术，以及可实现海量存储、长期回放的网络录播课程平台，实现了打破时空障碍的“云交流”“云会议”“云学习”，为农村党员群众远程参与村级组织活动提供技术支撑，有效提升村级组织活动的实施效果。另一方面，农村智慧党建借助远程实时监控技术，帮助上级党组织和广大村民通过电脑、手机等多个终端，轻松打破时空障碍，实现对村级组织活动开展情况的全天候、全方面的实时监督。

二、畅通信息交互的高效渠道

习近平总书记指出，要“永远保持同人民群众的血肉联系，始终同人民想在一起、干在一起，风雨同舟、同甘共苦”[①]。农村基层党组织作为国家与乡村社会的纽带，既要将乡村治理有关政策文件精神及时传达给广大村民，还要将村民的需求及声音及时且完整地反馈给上级党委政府。将智治嵌入农村党建全过程，可以充分发挥政务网站、官方 App、公众号等一大批互联网平台在提升国家与乡村社会信息交流效率方面的作用。一方面，农村基层党组织可以借助互联网平台，将各种信息资讯通过图片、文字、音频、视频等形式全面生动地呈现给

①《习近平谈治国理政》(第四卷)，外文出版社 2022 年版，第 15 页。

广大村民，推动农村党员群众及时、有效、主动地学习平台提供的信息内容，为农村“三务”公开提供全新方案。比如，用严谨、精炼的文字有效宣传解读政策文件，用写实、细腻的视频生动展示农村党建工作动态。另一方面，农村基层党组织可以借助各类互联网平台，为国家与乡村社会创造一个无障碍的、扁平化的信息交流空间。广大村民只需轻点鼠标或手机 App，就可以迅速浏览党务信息、官方新闻、科普知识，还可以自由上传个人观点、个人诉求，信息实现跨越时空和层级的自由、瞬时、深度交互，为政策宣传、“三务”公开、群众发声、民意收集提供了极大便利。

三、实现乡村治理的数智化

“智治”赋能农村党建组织管理，为农村基层党组织的决策部署提供科学有效的数据参考。将智治嵌入农村党建全过程，可以充分发挥 5G、大数据、云计算、人工智能等新一代互联网技术在数据收集、数据整合、数据分析等方面的优势。一方面，实现农村智慧党建，可以实现数字化存储和多平台互联。将庞大、杂乱的乡村治理信息，以数据形式分类存入集约化平台；多元治理主体可以借助平台强大的搜索引擎一站式收集信息；党员信息、群众意见、党组织活动等党建信息，可以实现一键录入、永久保存、多平台传递、精确检索。另一方面，实现农村智慧党建，可以实现对海量数据的智能、科学分析。互联网平台支持参数设置、数据抓取、算法设计与分析等复杂操作，多元治理主体可以对目标对象进行总样本分析、差异化分析、预测性分析、可视化分析等，既有助于农村基层党组织科学管理党员队伍，全面准确掌握农村工作动态，也有助于多元治理主体科学支配自身治理资源。

（2019 年宁波市海曙区建立了浙江省首家智慧党建中心，对基层党建工作进行实时监测、预警提醒、动态分析和综合评价。图为海曙区智慧党建中心和党建大数据监测指导平台。）

第三节　农村智慧党建的实现路径

实现农村智慧党建，要充分利用新一轮技术革命背景下产生的新型技术手段，将坚持党对农村工作的全面领导作为首要任务，全面推进农村党务管理信息化，积极推广农村党员网络教育，大力开展农村党建新媒体宣传，不断实现农村基层党组织的协同、智能、高效建设。

一、坚持和加强党的全面领导

党管农村工作是党的优良传统，是理顺国家与乡村社会双向互动关系、实现乡村治理现代化的基本前提。农村智慧党建，“智慧”是手段，“党建”是目的，必须首先解决好“如何借助智慧手段坚持和加强党对农村工作的全面领导”的问题。

坚持农村基层党组织的领导。思想是行为的先导，对人们的自身行为具有定向和调节的作用，决定着个体的自我认知、目标确立和方向选择，影响着社会整体风气的形成[①]。实现农村基层党组织对农村工作的全面领导，要以全体村民自觉认同农村基层党组织的领导地位为基础和前提。一方面，农村基层党组织要深刻认识到自身领导农村工作的责任使命，积极主动、整体推进农村经济建设、政治建设、文化建设、社会建设、生态文明建设和党的建设。另一方面，农村基层党组织要借助现代新型信息技术扎实做好村民思想教育工作，引导村民树牢坚决拥护农村基层党组织领导地位的思想认识，并自觉协助农村基层党组织贯彻执行各项政策措施。

推动构建集约化的农村智慧党建平台。《数字乡村发展行动计划（2022—2025 年）》明确指出，要丰富党建信息化综合平台功能，加快基层党组织“上云”。农村工作包括引导和监督国家力量的运用路径、收集和回应农村群众的意见建议等多项任务。农村基层党组织全面领导农村工作，既要保障自身对党中央决策部署、乡村社会发展动态、村民意见建议等信息资源的全面掌握，还要为“三农”政策的宣传教育、村民声音的向上反馈提供便捷高效的渠道。换言之，农村基层党组织要充分运用现代信息通讯技术，打破乡村治理中的部门壁垒、信息孤岛，推动信息资源在网络空间实现跨部门、跨层级的互联互通、协同共享、集约整合，建立集党务村务、监督管理、便民服务于一体的智慧综合管理服务平台。

加快推进农村工作的智慧化。农村工作是一个复杂的系统性工程，不仅涉及经济、政治、文化、社会、生态文明等多个领域的治理，还需要综合考虑乡村社会的历史基础、现实状况、未来规划，实现对农村工作相关信息数据的高效、全面、科学分析。对此，农村智慧党建要充分借助大数据、云计算等新一代信息技术，将农村智慧党建平台收集到的海量数据进行分类汇总和大数据分析，科学研判乡村社会的

---

① 于健慧：《党建引领乡村治理：理论逻辑及实现路径》，载《西北师大学报（社会科学版）》，2022 年第 1 期。

发展趋势，并对农村工作存在的问题进行准确挖掘和及时预警，为农村基层党组织全面管理农村工作提供智力支持，帮助“村两委”形成科学决策的逻辑闭环。

[典型案例]

内蒙古鄂托克前旗：构建“1+4”智慧党建模式

近年来，内蒙古鄂托克前旗党委将党建工作与现代信息技术相结合，探索党建信息化条件下的“党建 + 经济建设、民生服务、价值传播、社会治理”“1+4”智慧党建模式，通过党建工作与其他重点任务“开放共存、高效共管、同频共振、融合共生、互动共赢”，实现了党建工作效能最大化。

搭建“智慧党建”平台，实现基于互联网的“一站式服务”。鄂托克前旗推动旗级党政机关横向联网和旗、镇、嘎查村（社区）三级纵向联网，让更多行政审批和办事服务项目上网，并将党务政务、创业就业、科教文卫、社会保障等服务整合到便民服务中心，让各类行政审批规范运行、各类服务事项网上能办。

推动“党建 + 经济建设”。鄂托克前旗借助“智慧党建”平台，大力发展物流、电商、健康等产业，众筹蔬菜大棚种植、电商联盟、金融服务点等一批深受农牧民欢迎的品牌服务和创新项目应运而生。此外，鄂托克前旗还将领导包联引领、部门结对帮扶、干部驻村蹲点、全旗村集体经济建设等信息，及时发布在“智慧党建”平台，自觉接受群众的监督评议。

推动“党建 + 民生服务”。鄂托克前旗借助“智慧党建”平台，让“数据多跑路、群众少跑腿”，为广大党员群众全面提供党务服务、政务服务、培训服务、金融服务、文化服务、代办服务、公益服务等民生服务事项，拓展了村党组织的服务功能，密切了党同群众的血肉联系。

推动“党建＋价值传播”。针对信息时代社会转型、思想多元的特点，鄂托克前旗借助“智慧党建”平台，定期推送孝顺榜样、道德楷模、善行义举等文章故事，举办“最美家庭”“闫整人家”“优秀家风家训”等网上评选活动，引导农牧民遵德守礼、文明互助、学善行善，构建“以文养德、以评立德、以规促德”的德治建设体系。

推动“党建＋社会治理”。鄂托克前旗推动网格员发挥其本土优势当好“四员”，即：村情民意收集员、便民服务代办员、政策法规宣传员和科技知识推广员，协助党组织采集信息、反映民情、调解纠纷、倡导文明新风、传播政策法规，及时将村情民意和问题处理结果通过微信、QQ等信息平台上传，党组织全天候了解和掌握最新动态，推动问题在一线解决、工作在一线落实，做到“大事不出村、小事不出网格”。

（资料来源：《内蒙古鄂托克前旗构建“1+4”智慧党建模式的探索与实践》，人民网－中国共产党新闻网。）

二、实现农村党务管理信息化

农村党务工作任务多、责任重、难度大，涉及农村党员的教育、管理、监督等多项任务，是提高农村基层党组织建设质量，发挥农村基层党组织引领作用的关键环节。实现对农村党务的高效、科学管理，是推进农村智慧党建的重要任务。

积极运用互联网技术创新农村基层党组织的活动方式。党内组织活动，不仅是农村基层党组织教育、管理、监督农村党员的重要形式，也是农村基层党组织实现自我净化、自我完善、自我革新、自我提高的重要载体。《关于加强党的政治建设的意见》明确指出，要积极运用互联网、大数据等新兴技术，创新党组织活动内容方式，推进“智慧党建”，使党内政治生活始终充满活力，坚决防止和克服党内政治生活不讲创新、不讲活力、照搬照套的倾向。就此而言，可从以下三个方面精准发力：一是要借助网络音视频直播互动平台线上开展“三会一课”、主题党日、民主评议等活动，为分散在各地的农村党员远程参与党组织活动提供便捷渠道，切实提升农村基层党组织活动实效。二是要充分借助线上会议自动留痕、智能统计的技术优势，帮助农村基层党组织动态、准确、全面掌握活动参与人数、活动开展次数、活动持续时长等客观信息。三是要充分发挥线上会议参与便捷、大范围公开的优势，为上级党组织、农村基层党组织带头人、广大农村群众实现对农村基层党组织活动开展质量的经常性监督、全过程监督提供高效渠道。

实现农村党员队伍管理模式智能化。农村党员是农村基层党组织的“细胞”，是农村基层党组织全部战斗力的基础。管理好农村党员队伍，是农村智慧党建的重要任务。实现农村党员队伍管理模式智能化，核心在于紧扣“高效化”和“科学化”两大指标。一方面，要推进党员信息采集、组织关系转接、党费收缴等繁杂工作的线上开展，实现各级党组织数据的纵向、横向双向贯通，推动构建县级、市级甚至省级层面的统一化党员管理信息系统，加快实现农村党员数据“填一次，多系统可用”，切实提高农村党务工作效率。另一方面，要通过网络数据抓取、大数据分析等手段，全面掌握农村党员群众的经济收入、活动参与、群众评价等信息，对农村党员群众的思想政治水平、致富能力、工作作风等情况做出科学合理的综合评价，为发展新党员、警告处分违纪党员、选优配强农村带头人提供数据信息支持。

[典型案例]

山东省莱阳市：实现农村党务过程性控制把关

山东省莱阳市研发上线“一网通”智慧平台，将发展党员5个阶段、30个步骤全程植入“一网通”智慧平台，建立市级、镇级、村级“三级控制”体系，村级管理员通过终端具体操作、录入，市镇两级管理员通过后台实时监控、预警提醒，实现了对农村党务工作的“事前+事中”全过程控制。

全面控制进程，解决步骤“省略”、程序“空转”等问题。在“线下”梳理出发展党员每个阶段、每步程序的关联点，作为“必备要素”植入系统平台，实现发展党员程序“线上”有串联、有闭环。配备高拍仪、摄像头等设备，对每个会议步骤、环节进行全程“实况录像”，现场画面实时传入系统后台，实时分析会议现场当前人数，对中途退场人数过多以致达不到会议人数要求的，系统后台会自动发出“警报”提示，无法进入下一步程序。通过系统平台“串联”“闭环”操作，从根本上杜绝“线下”发展党员程序不规范、不走程序等问题。

准确把关识别，解决找人“替会”、投“重复”票等问题。开发“人脸、指纹”两种智能识别方式，每次会议签到时，系统后台根据设定好的与会人员范围，准确“扫”人脸、“验”指纹，符合条件的才能签到成功，切实从源头上把好与会“人数关”。会议投票时，系统后台将再次进行人脸和指纹识别，核实是否在投票范围内，审核通过后才能开始“线上”点击投票，切实从源头上把好现场“投票关”，真正实现“一人一票”。

多维分析预警，解决问题“后知”、事后“整改”等问题。组建集党员、村民代表、村干部、包村干部等 6 种类别人员的“大数据库”，在实现数据统计分析的基础上，系统后台会根据会议签到、投票等情况，实时分析生成每名人员的“电子活动纪实”。对党员连续不参加组织生活、入党积极分子超过 3 年期、预备党员期满未转正、村庄三年不发展党员、包村干部不列席会议等情况，系统后台将提前分析“预警”，督促党组织和责任人按程序在“事前事中”抓好落实。

自动生成“电子记录”，解决伪造材料、弄虚作假等问题。系统终端可以实时向服务器传送并存储影像资料，根据会议内容由系统自动生成“电子会议记录”，并将参与表决人员的指纹“生成”到会议记录签名处，做到实时存储、全程留痕、记录有效。对于入党积极分子考察表、入党志愿书等规范文书，在“线下”规范填写、签字盖章的前提下，可通过终端扫描入系统后台，以 PDF 格式统一形成一套完整电子档案，实现会议记录、党员档案的电子信息化。

（资料来源：《莱阳市：建立“一网通”智慧平台 实现农村党务过程性控制把关》，烟台党建网。）

三、推广农村党员网络教育

习近平总书记指出：“中国共产党人依靠学习走到今天，也必然要依靠学习走向未来。”[①]《数字乡村发展行动计划（2022—2025 年）》明确提出，要推进全国党员干部现代远程教育系统优化升级，扩大网络党课在农村党员教育中的应用。推动农村党员网络教育，要重点解决

① 中共中央宣传部：《习近平总书记系列重要讲话读本》，人民出版社 2014 年版，第 203 页。

好农村党员教育的覆盖率问题和学习实效问题，帮助全体农村党员坚定理想信念、更新知识体系、克服本领恐慌，努力成长为党和人民需要的好干部。

创新农村党员教育形式。农村党员教育的具体形式，不仅影响着农村党员教育的覆盖率，还对农村党员的学习积极性有一定影响。创新农村党员教育的形式，要以推广线上网络教育为核心手段，既要为全体农村党员提供跨越时空障碍的学习平台，也要为农村党员利用碎片化时间进行“微学习”提供便利。具体而言，推广农村党员网络教育，要充分利用手机、电视、电台、电脑等终端，以及学习强国、政府网站、微信、微博、QQ 等互联网平台，并根据不同终端、不同互联网平台信息传播的特点和优势，将学习内容制成差异化、系统化的理论文章、图示简表、教育视频、线上讲座等，让农村党员无论身处何地，都可以根据自身的空余时间、知识薄弱点和学习兴趣选择最合适的学习资料，从而实现农村党员教育全覆盖，激发农村党员参与教育活动的内生动力，切实提高农村党员教育实效。

丰富农村党员网络教育内容。空有丰富的教育形式而没有扎实的教育内容，就好比“绣花枕头——中看不中用”，难以有效提升农村党员的综合素质。丰富农村党员网络教育内容，关键要把握好“全面”“系统”“高质”三大标准，既要全面涉及马克思主义经典著作、党史党章、政策法规、道德修养、党务知识等诸多教育板块，也要保障将每一个教育板块讲深、讲透、讲活，全面提升农村党员的“八项本领”“七种能力”。提供全面、系统、高质量的农村党员网络教育内容，关键在于充分发挥网络技术的信息整合功能，将各地甚至全国的党课教育名师、优秀党员代表汇集在网络空间，让他们通过撰写文章、接受采访、录制课程、直播交流等形式，将自身最成熟、最先进的理论思想和经验做法传授给广大农村党员，随后再由各级党组织将各类学习材料分类整理成系列专题，加以宣传推广。

推进农村党员学习情况考核的智慧化。《数字乡村发展行动计划（2022—2025 年）》明确提出，要及时统计党员学习情况，通过在线答题等形式考核党员学习情况。加强农村党员学习情况的考核，既可以督促农村基层党组织和农村党员自觉加强学习教育，也可以为农村基层党组织和农村党员查漏补缺提供帮助。推进农村党员网络教育，要把好把准教育成效的考核环节，实现教育考核智慧化。对此，要充分运用信息技术的自动留痕、海量存储、智能分析功能，对农村党员的有效学习时长、学习内容分类、教育活动参与次数、学习交流讨论积极度、线上考试成绩等情况进行综合分析，并将综合考核结果作为农村党员评优评先的重要依据。

[典型案例]

四川省邛崃市：推进网上课堂延伸农村党员教育路径

近年来，四川省邛崃市将农村基层党建的传统优势与信息技术进行高度融合，与腾讯公司合作搭建“为村”党建工作平台，大力推进网上课堂，延伸了农村党员教育路径。

邛崃市搭建线上农民夜校、“微党校”等线上学习教育平台，将习近平总书记最新重要讲话、党的政策理论、各级党代会精神、农村实用技术等内容，制成微视频、微课件、微课堂等，植入农村党员学习资源库，同步推送“共产党员网”“四川党建”“天府先锋”“蓉城先锋”等党建平台信息，构建以政治建设为首、精准智慧的农村党员学习教育体系，并对全体农村党员开展“学时制”学习考核，对农村党员的碎片化学习进行累计管理。

邛崃市借助“为村”平台，帮助农村党员利用茶余饭后的空余时间，获取便捷化、系统化的高质量学习资源，督促农村党员自觉参加学习教育活动，协助农村党员及时对自身知识体系进行查漏补缺，确保党的声音更及时、全面、准确地传递到农村社会的每一个角落和每一个村民。截至 2020 年底，邛崃市已借助“为村”平台发布学习资源 6.9 万余条，党员累计学习 371 万学时 。

（资料来源 :《四川省邛崃市实施全域“为村”工程 创新“两轨四为”工作模式 推动数字乡村治理》，中华人民共和国农业农村部农村合作经济指导司。）

四、提升农村党建新媒体宣传实效

农村党建新媒体宣传包括“三务”公开、畅通社情民意两大方面。农村“三务”公开旨在激发群众智慧，“畅通社情民意”旨在汲取群众智慧以强化农村党建，前者是后者的基础，后者是前者的发展，二者共同构成农村智慧党建的重点任务。

综合运用各大新媒体平台推动党务、村务、财务的网上公开。积极主动对“三务”信息进行全面公开，为村民实时了解并及时监督党和政府行为提供便捷渠道，有助于党和政府塑造良好的公众形象，提高自身凝聚力和创造力。一方面，推动“三务”公开，要充分发挥互联网技术信息交互速度快、信息整合效率高、信息传递形式多等优势，综合运用官方网站、App、公众号、短视频等新媒体平台，并根据每个新媒体平台受众群体和宣传形式的优势特征，将党的大政方针、“三农”政策、农村工作成就等多类信息数据，以图文、音频、视频等形式，详细、生动、全面、深入浅出地向村民宣传介绍。比如，在用户群体庞大且习惯于快节奏阅读的微博客户端上，综合运用简短的图文或视频材料，以轻松活泼的形式进行“三务”公开；在汇集了大量具有较强参政议政积极性的村民的党建网站中，借助详尽且具有一定理论性的图文材料，以严肃认真的形式进行“三务”公开。另一方面，推动“三务”公开，要充分借助数据抓取、云计算、大数据分析等技术手段，对党务、村务、财务的公开数量、公开及时性、内容种类、阅读浏览量等信息进行综合分析，严格把控“三务”公开的实际质量，总结宣传先进工作经验，对“三务”公开不力的农村基层党组织及时进行预警和督促整改。

综合借助多元新媒体平台畅通社情民意。“知屋漏者在宇下，知政失者在草野。”畅通社情民意，有助于强化党和人民群众的血肉联系，帮助农村基层党组织了解农村党员群众的所想、所盼、所急、所需，倒逼全面从严治党在农村地区贯彻落实、纵深推进，推动农村基层党组织真正成为讲政治、守规矩、敢担当、善作为的坚强战斗堡垒。畅通社情民意，要充分发挥新媒体平台的信息交互优势和数据分析优势，拓宽党群沟通渠道，支持建立村民微信群、乡村公众号、网络信箱等线上发声渠道，不仅要帮助农村党员随时随地实现依法自由发声、充分发声、有效发声，还要为农村基层党组织发现舆论热点、掌握舆情走向、把握民生热难点问题提供充分的科学信息，也要为上级党组织考核评价农村基层党组织工作情况提供有价值的参考信息。

［典型案例］

浙江省龙游县："村情通"打造党群共建新典范

浙江省龙游县积极打造"村情通"信息平台，推动农村智慧党建迈上新台阶。"村情通"是一款以微信公众号为应用前端、以PC、手机钉钉为管理后端，集成党员教育、党务公开、为民服务等功能的综合信息平台，充分激发了群众的智慧和力量，全面提升了农村基层党组织的创造力、凝聚力、战斗力。

推进"村情通"+党务公开。龙游县借助"村情通"平台，推动"三会一课"、重点工作、纪律处分等40余项信息的一站式公开，实现党务公开情况的实时智能分析，不仅为农村党员群众了解、监督农村党务工作提供便利，也为上级党组织评定"红榜村"与"黑榜村"提供科学依据，密切了党同人民群众的血肉联系，打通了党务公开的"最后一公里"。值得强调的是，龙游县率先借助"村情通"推进村党组织"阳光换届"，设置换届政策宣传、人选公示、竞职演说等线上专栏。在换届选举之前，党组织借助"村情通"公示候选人个人履历，介绍村党组织换届相关政策，动员村民积极参与村党组织换届选举，为村党组织换届的火热、有序、高效开展做好前期预热。在换届选举过程中，除现场观摩学习的乡镇干部和民间观察团，党组织还会借助"村情通"向全体民众直播竞选实况，加深村民对候选人德才状况和工作计划的了解程度，督促村党组织换届选举的规范有序进行，助力村党组织带头人队伍的选优配强。

推进"村情通"+为民服务。一方面，"村情通"对接国土、规划、公安、民政等部门，全面接入户籍办理、残疾证申领、不动产登记等功能，构建了体量庞大、内容全面、实时更新的"民情档案"，并运用云计算对"民情档案"进行深入分析，及时回应农村群众的忧思和期盼，全面强化农村基层党组织的服务职能。比如，春节前后，“村情通”后台显示“务工信息”日均点击量激增，累计点击量高达1万次。村两委迅速反应，通过云计算分析预测求职人员的数量、年龄、求职意向等信息，并将分析结果及时报送人社部门，为农村民众提供科学有效的就业帮助。另一方面，龙游县在“村情通”平台上设置“村民信箱”“随手拍”等模块，村民将个人的意见、建议、诉求直接反馈给村两委，村两委必须按照“一日一值班、一周一集中、一月一沟通”的要求，对社情民意进行及时地研究、讨论和办理，畅通了党群沟通交流渠道，推动农村基层党组织真正成为“为人民服务”的战斗堡垒。比如，新冠肺炎疫情期间，“村情通”收到一位星火村村民的求助信件，称自己因疫情管控原因无法回家照顾年迈父母，父母因身患聋哑症、高血压、糖尿病等疾病，生活自理存在一定困难，请求村两委定期上门帮忙照顾。收到村民信件后，时任星火村党支部书记的李剑峰立即亲自前往村民家中探望，随后安排时任网格员的王建琴每天上门探望，了解老人的生活需求，真正做到“访民情、知民意、解民忧”。

（资料来源：康晓强：《“村情通”新时代乡村治理新模式》，人民出版社2018年版，第79—82页。）

第三章

智治与自治：村级事务管理智慧化

《数字乡村发展战略纲要》明确提出，要着力发挥信息化在推进乡村治理体系和治理能力现代化中的基础支撑作用，繁荣发展乡村网络文化，构建乡村数字治理新体系。乡村自治是社会主义民主政治的基础工程，也是基层民主政治建设和农村治理改革的重要内容，更是乡村治理的主要方式与关键手段。智治是以大数据、云计算、人工智能等先进科学技术为依托，广泛应用于社会治理中的一种新型治理手段。大数据时代背景下运用数字技术赋能基层治理成为新趋势，将智治与自治相融合，形成一种技术型自治的新模式，对于促进村级事务管理智慧化，提高乡村自治能力现代化水平，进而实现乡村振兴战略目标具有重要意义。

第一节　智治促自治的逻辑起点

农为邦本，本固邦宁。乡村自治是我国基层乡村民主管理的有机组成部分，也是我国民主政治建设的新的生长点[①]。将智慧治理应用贯

① 陈思:《乡镇自治：中国民主政治建设的生长点》，载《湖北社会科学》，2010 年第 5 期。

穿村级事务管理全过程，推进乡村自治向数字化、信息化、智慧化转型，成为加快数字乡村建设步伐的迫切需要。

一、乡村自治与乡村振兴的价值耦合

从治理主体上看，乡村自治即为村民自治，属于基层群众自治的重要组成部分。随着城乡改革发展的深化，乡村自治成为一种常态机制，目的在于在乡村内部形成一种由群众自发生成秩序的内生性约束。在乡村自治制度下，村民可以充分表达自己的利益诉求，行使自身应有权利，自觉主动地参与到乡村公共事务管理当中。

乡村自治是乡村振兴的应有之义。乡村自治是村民自主探索和国家支持相结合的产物，经过几十年的不断发展和实践，已经成为中国特色的基层民主形式，对我国农村民主政治发展具有独特作用。乡村自治作为村民群众自发形成的治理模式，本质在于通过构建完善的村民自我管理、自我教育、自我服务的体制机制，激发村民主体意识，提高村民自身素养，从而提升乡村治理能力水平。乡村振兴的目标是实现农业农村现代化和乡村治理现代化，农民是农村的主人，是实施乡村振兴战略的主力军，这意味着乡村振兴的有效实施离不开具备较高政治素养的农民队伍。由此可见，乡村自治的有效实施有利于调动村民的积极性、主动性和创造性，推动乡村振兴战略的全面推进。

乡村自治是乡村振兴的动力源泉。党的十九大对乡村振兴提出了“治理有效”的目标要求，乡村自治作为乡村治理体系的重要内容，在推动乡村振兴中发挥着不可替代的作用。在乡村自治模式下，村民自治组织带领广大村民发展壮大村级集体经济，并对村内资源进行合理分配，努力满足村民的利益诉求。如此一来，乡村自治使得与村民利益息息相关的、村民所关心的事项能够及时得到解决。在村自治组织的带领下，全村群众共同致力于村级集体经济的发展，有利于实现农村产业振兴。与此同时，农村现代化发展在追求经济发展的同时，更要注重精神文明建设的提升。乡风文明建设作为农村精神文明建设的核心，村委会、村民代表大会、村民议事会等自治组织，在乡风文明建设中发挥了重要带头作用。比如，在村内建立知识讲堂，采用通俗易懂、潜移默化的方式向村民传播先进文化。还可定期开展知识竞赛活动，为参与者和表现优越者颁发奖励，以此调动村民学习先进文化的热情，营造你追我赶、创先争优的浓厚文化学习氛围。由此可见，乡村自治有利于促进农村精神文明建设，是乡村振兴的不竭动力与源泉。

二、乡村自治的政策要求

近年来，大数据、云计算、人工智能以及5G技术的蓬勃发展，推动着政府服务转型和社会治理变革。现代数字技术的更新迭代，为信息技术在乡村自治中的实践应用奠定了时代契机。如何推动数字赋能乡村全面振兴，成为亟须解决的重要问题。

对此，我国为推动数字乡村建设发展出台多项政策。数字乡村是伴随网络化、信息化和数字化在农业农村经济社会发展中的应用，以及农民现代信息技能的提高而内生的农业农村现代化发展和转型进程，既是乡村振兴的战略方向，也是建设数字中国的重要内容。数字乡村作为乡村振兴的战略方向，其体系建构的关键突破点就在于“数据”“信息”“互联网”等现代信息技术的融入，信息技术的融入程度和效果影响着现代乡村治理水平。

为此，《关于加强和完善城乡社区治理的意见》提出“加强农村社区信息化建设，推动扶贫开发兜底政策落地”，《数字乡村发展战略纲要》

指出“要着力发挥信息技术创新的扩散效应、信息和知识的溢出效应、数字技术释放的普惠效应，加快推进农业农村现代化”。2020 年 1 月，农业农村部、中央网络安全和信息化委员会办公室印发的《数字农业农村发展规划（2019—2025 年）》，提出要加快推进农业农村生产经营精准化、管理服务智能化、乡村治理数字化。2021 年中央一号文件提出“实施数字乡村建设发展工程”的目标，要求构建农业农村大数据体系，努力推动新一代信息技术与农业生产经营深层次融合，加强乡村公共服务、社会治理等数字化、智能化建设。

纵观乡村数字化治理政策的演变，从宏观调控到微观指导，无一不显示出国家政策的大力支持和持续性引导。在国家有关政策和法律法规的有力保障下，乡村自治成为我国社会主义民主在农村最广泛的实践形式，广大农民群众可以直接行使民主权利，在国家法律制度下进行自我管理、自我教育、自我服务。乡村自治通过多年的发展完善，发挥了不可忽视的独特作用，自治范围有所扩大，自治活动广泛开展且不断规范。乡村自治的伟大实践，调动了村民参与自治的热情，培养了村民的政治参与意识，提高了村民民主素养，维护了农村基层民主良好有序运行。尽管乡村自治取得了不可小觑的成效，其建设过程中仍面临着来自各方面的严峻挑战，在一定程度上阻碍了乡村自治的发展，使乡村自治陷入困境。

三、乡村自治的现实挑战

改革开放以来，我国基层社会发展逐步走上制度化、法治化的轨道，基层治理实践也取得了显著的进展与成效。但是，由于社会转型期经济社会发展本身所诱发的各种矛盾和问题不断累积，改革进程中利益主体多元化、利益诉求多样化所导致的各种利益冲突不断显现，而既有的基层治理体系与治理方式还存在着诸多的不适应，从而使当前的乡村自治实践面临一系列新的问题与挑战。

乡村社会关系“原子化”。在乡村社会，村民因居住密集，彼此联系程度较高，往往一个乡村就可形成一个小范围的社会团体。在这层社会关系中的每个村民都要参与村内事务，通过自我管理、自我服务实现乡村群众的共同目标和集体利益。城镇化快速发展最明显的特征就是人口流动，快速流动的过程导致“熟人社会”逐步解体。乡村社会原有的紧密联系被打破，村民个体间关系的疏离和弱化，也导致村民社会行为不再以集体目标为核心价值，而是追求个人利益的最大化实现。此时，村内自治活动与村民实际利益并无明显关系，又或村民个体需求无法表达并得不到有效回应，村民就会以一种淡漠态度来对待乡村自治，逐渐脱离乡村公共事务。长此以往，村民群众将处于公共精神匮乏的状态，从而丧失集体行动的能力，最终导致集体行动陷入僵局，乡村公共性日渐萎缩[①]。村民个体间联系的弱化以及集体行动能力的缺失的现象，正是乡村社会关系“原子化”的具体表现，也是新时代乡村自治面临的困境之一。

乡村治理过程“形式化”。乡村自治的核心主体是村民，其最终目的是满足村民需求。在乡村自治演进过程中，一些乡村社会公共事务的治理，逐渐偏离了回应村民需求这一正确方向，使得乡村自治的社会公共价值难以有效彰显。乡村自治的“形式主义”往往有以下几种表现：在“项目制”下，为获得财政投入和完成绩效考核，村两委努力完成上级党委政府制定的各项刚性指标任务；在“压力型体制”下，基层政府往往采取避重就轻、邀功避责的选择性治理行为。村民自治作为乡村治理的一项重要民主化制度，核心内容是民主选举、民主协商、民主决策、民主管理和民主监督五个方面。一些地方村民的主体

① 李增元：《“社区化治理”：我国农村基层治理的现代转型》，载《人文杂志》，2014 年第 8 期。

地位动摇，主要来自基层政府和治理精英两方面的冲击。民主选举出现了程序性参与和实质性参与不平衡的问题[①]，村民无从参与民主决策、民主管理等环节，民主协商、民主监督更是流于形式。

乡村自治模式“碎片化”。作为乡村自治面临的三大困境，乡村自治模式“碎片化”集中体现为村级组织资源集约统筹能力不足。乡村政务繁杂，信息来源较为分散，缺乏对数据信息资源的有效整合和统一规划，信息单向传递导致公共服务各部门按照标准封闭式地完成本部门事项，各自为政的工作状态使部门之间形成信息壁垒、信息孤岛，数字鸿沟加剧。在面对突发问题时，无法第一时间精准有效地作出政策回应，行政效率降低的同时，也在一定程度上造成了信息资源的浪费。乡村基层政府自身存在分工不明确、权力与责任不匹配、专业化程度不高等问题，产生了资源配置失衡、资金投入分散、权利分散交叉、相互推诿扯皮等不良后果。与此同时，各部门之间的相互竞争关系促使部门间出现数据壁垒，部门分化程度加深，从而陷入乡村自治碎片化的困境。

第二节 智治之于乡村自治的必要性

“智治”是一种将区块链、大数据、云计算等现代信息技术运用到公共治理活动中，以实现治理行为和治理过程智慧化、智能化、信息化的新型治理方式。“智治”强调将现代信息技术手段引入到乡村自治中，实现智治与乡村自治的深度融合，赋能乡村自治提质增效，是实现乡村治理模式由传统到智慧的重要举措，是实现数字乡村建设的必由之路，更是推进国家治理体系和治理能力现代化的应有之义。现代信息技术作为一种工具理性的客体，可以通过无线网络、线上平台等

① 裘斌、卢福营:《论能人治理下普通村民公共参与的非均衡性》，载《天津社会科学》，2011 年第 3 期。

载体走进村民生产生活中，为村民提供更便利、更高效的服务。现代信息技术作为具有价值理性的主体，能够在政治、经济、文化等各领域充分发挥其自身高效便捷、开放自由的独特优势，推动乡村社会高质量发展。由此可见，在乡村自治中运用现代信息技术，赋予了乡村强大的发展动力，有助于推动乡村全面振兴。

一、提供精准高效的公共服务

将智治引入自治过程中，有利于优化改进乡村管理服务。在现代信息技术影响下，乡村管理服务在服务供给和管理决策两方面发生显著变化。前者的转变在于服务供给的删繁就简。传统的乡村公共服务供给方式不乏程序复杂、手续繁多和进展缓慢等弊端，村民受知识水平限制要多处咨询、多番提交材料，办理日常事务费时费力且效率低下。现代信息技术能够将数据资源统筹到综合性平台，实现跨区域、跨部门的协调联动以及数据资源的共享互通，形成资源整合、全域覆盖的基层治理格局，最终实现服务一体化。将智治运用到乡村自治，减少传统乡村公共服务供给的繁冗程序，真正实现办事由“来回跑”变为“一窗办”。后者的转变在于建立新型管理决策方式，破解传统乡村管理决策方式存在的封闭固化、脱离民意、反馈不足等难题，村民可在线上平台监督村干部的管理行为，并随时提出意见建议。简言之，智治的引入，推动乡村管理服务模式持续优化、不断改进，有利于实现乡村的有效自治。

乡村自治与智治相结合，有利于增强村级组织服务效能。村级组织服务效能提升的关键，在于能否为村民提供更具体化、个性化和精准化的乡村公共服务。首先，借助大数据技术精准、量化、可视化的优势，有助于整合全村可用资源并进行优化配置，面向不同群体提供针对性强、个性化足、更加优质高效的公共服务。其次，依托大数据技术开放互通的特点，村级组织可全面清查村内集体“三资”，再运用线上平台将集体“三资”与市场需求结合，农村集体资产得以盘活流转、开发应用，促进保值增值。实现乡村自治的关键是社会资本，利用大数据技术的智治方式可推动更多的社会资本流入乡村，为乡村自治的发展注入源源不断的旺盛活力。最后，在乡村治理中，充分利用大数据技术对乡村事务的基本情况进行精准分析，将供需精确匹配，能够实现二者的有效对接。由此可见，将智治引入到乡村治理中，有助于为广大村民提供高质高效的公共服务。

二、拓宽群众政治参与的渠道

提高村民个人综合素质。新型互联网信息技术未普及之前，因乡村地处偏远，基础设施不完善，现代信息技术无法在乡村社会广泛应用推广。正因为长期处于信息闭塞的状态，绝大部分村民对现代信息技术的了解少之又少。随着新一轮技术革命的到来，现代信息技术将分散在各领域的海量信息资源汇集整合，打造了丰富多样的资讯平台，如各类搜索引擎、微博、App、微信公众号等，为广大村民提供了快速获取知识信息的便利渠道。村民通过这些平台渠道，可以随时随地、快速便捷地了解乡村治理的具体情况，真正实现“足不出户而知天下事”，学习新知识、开拓新视野，从而推动乡村自治能力水平得到整体提升。

保障村民个人参与权利。村民作为乡村自治的核心主体，享有对本村大小事务的知情权、表达权、管理权和监督权。现代信息技术能够突破时空限制，使村民借助互联网平台掌握村内公共事务治理的详细信息，保障村民知情权的同时，强化村民的“主人翁”意识。与之相应，现代信息技术为村民参与村务讨论提供了平等互动的空间，村民基于理性逻辑对村内事务相关议题进行商讨互动。正因如此，现代信息技术得以突破话语瓶颈，确保村民参与权和管理权的真正实现，形成村民“人人参与决策,人人参与管理”的良好氛围。从监督权来看，现代化信息技术将村务决策结果和实际落实情况进行及时公示，便于村民对乡村治理情况进行实时跟踪监督。依托于现代信息技术，村民的各项民主政治权利得以保障巩固，增强了村民政治参与的底气和信心，提高了村民政治参与的积极性和主动性，从而提升乡村自治绩效。

三、实现科学有效的乡村治理

乡村自治引入智治，可以推动村级组织科学决策。信息技术尚未在乡村应用之前，村内公共事务的最终决策权更多地掌握在村干部手中。过于集中的权力往往会导致决策的偏差性，在村级组织能力不足、专业性不强的情形下，决策的科学性、有效性将会受到影响。现代互联网技术为广大村民提供了更为开放、共享、便捷的网络问政议政平台，村民可实时关注决策进程并广泛参与其中，村级组织也可以通过平台及时掌握村民需求，做出更能反映民意、符合民情的决策。就此而言,智治与自治的相互结合,有助于推动决策制定的民主性、科学性、合理性。

智治助力乡村自治，还能够健全完善乡村管理体系。现代信息技术对乡村管理体系的影响主要包括两个方面：转变管理格局以及加大管理力度。在传统乡村管理体系中，权力主要集中在村干部或者村内少数精英手中，村内其他成员主要负责政策的上传下达或是被动执行指令。即使现代信息技术为数据处理提供了便利，仅凭少数村干部仍难以把握不断扩大的信息量。为此，现代信息技术的互通性，打破了层级间的信息孤岛，使层级间信息共享成为了客观需求，使信息得以上下双向流动。在这种情势下，打破了原有少数人主导的管理格局，同时增加了信息传递的准确性与及时性。此外，传统乡村基层组织内部往往存在用权随意性、失范性的问题，其主要原因就是组织内部缺少规范有序的管理体系，最终阻碍了乡村治理水平的提升。运用现代信息技术开发各种智能软件，由组织成员按时汇报工作内容和进程，上级组织予以工作指导并定期对其工作效果、专业能力进行评估，以此加大乡村组织内部的管理力度。

第三节 智治促自治：村级事务管理智慧化的实现路径

2019 年 6 月，中共中央办公厅、国务院办公厅印发的《关于加强和改进乡村治理的指导意见》指出要推进乡村治理体系和治理能力现代化，夯实乡村振兴基层基础，加强和改进乡村治理。随着网络化、信息化、数字化的快速发展，大数据、云计算、区块链等智能手段广泛应用于乡村经济社会发展中。智治的嵌入成为乡村自治的重要驱动力，不断赋予乡村治理动力、活力和能力，以智治促进乡村自治发展已然成为大势所趋。为此，适时有效地把握智治在乡村自治中的驱动方向，探寻智治促进乡村自治的有效途径，有利于推动村级事务管理的智慧化转型，有利于实现乡村全面振兴和乡村治理现代化的战略目标。

一、数字赋能乡村政务服务精准高效

2022 年中央一号文件要求以数字技术赋能乡村公共服务，推动“互联网 + 政务服务”向乡村延伸覆盖。村级组织及村干部作为服务

村民的关键桥梁和纽带，是政策落实的“最后一公里”。随着城乡改革的深化发展，乡村事务愈加繁杂，村民需求愈加多样，乡村事务管理难度加大，这就要求提高村级组织和村干部的政务服务能力，为广大村民提供更加精准、高效、便捷的政务服务。乡村政务服务数字化就是以数字为支撑，将区块链、大数据、人工智能等现代信息技术有机融合到乡村政务服务全过程，最终实现政务高效处理、服务精准到位。数字技术赋能乡村政务服务，是实现乡村政务服务精准高效的新途径，也是实现乡村有效治理的技术保障，更是实现乡村治理现代化的发展潮流。

数据采集精准化，搭建乡村政务服务平台。乡村政务服务数字化的实现基于海量数据信息的搜集整合，数据采集的精确性更是关系到数字技术在政务服务过程中的实际运用成效。基于大量真实有效的数据信息，构建覆盖面广、高效可靠、互联互通的政务服务平台，有利于搭建村民、农村基层组织与政府之间的信息传递桥梁，使乡村政务服务更加精准高效。基层政府部门之间应建立通用的数据标准体系，统一规定数据采集的手段，采用相同的编码方式和储存方式，以科学的手段分析处理采集到的数据信息，并进行有效的归类整合，以此提高政务服务平台数据搜集整合的便捷性。要开拓数据收集新渠道，创新传统数据获取方式。运用网格化数据采集方式，农村网格员收集负责板块的数据信息，从而使数据信息的采集更为完整全面。

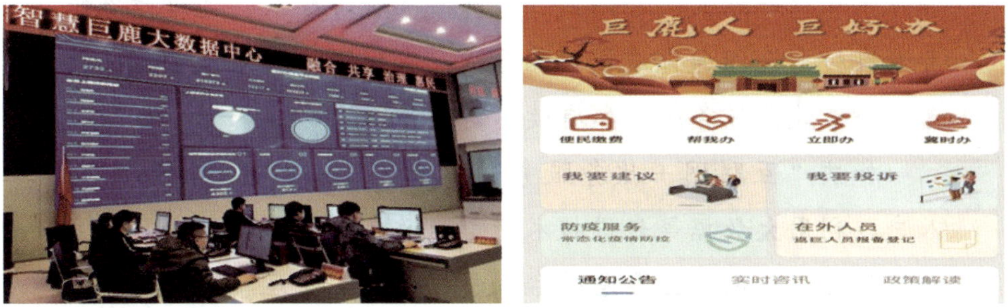

（河北省巨鹿县以数字化赋能，创建“巨好办”综合管理平台，一体推进全域网格治理，实现政务服务智能导办的基层治理新模式。）

利用三农综合信息服务系统，充分利用微信、QQ、微博、乡村论坛等网络平台，将乡村内部信息资源汇集整合到政务服务平台中，为村民提供政务信息、法律服务、舆情分析、病虫害预警等多方面信息服务。此外，还可以通过实施管办分离的措施分割数据实际管理人员与采集人员的工作职能，避免因信息采集员的主观原因导致的数据失真和残缺[①]。如此，因部门职能交叉所造成的数据收集偏差的问题得以有效解决，极大程度上保证了数据采集的客观性。综上，基层政府制定数据采集统一标准，拓宽数据采集渠道，有助于提高乡村治理主体的数据采集水准，增强乡村政务服务平台应用数据的准确度，从而促进乡村政务服务的精准高效化。

[典型案例]

江苏省张家港市：政务服务进农村 一网办通送便捷

近年来，江苏省张家港市积极探索数字乡村标准化建设之路，借助数字化、信息化、智能化技术，建设线上线下融合服

① 谭九生、任蓉：《大数据嵌入乡村治理的路径创新》，载《吉首大学学报（社会科学版）》，2017 年第 6 期。

务体系和“一站式、一网式”乡村政务服务模式，通过政务服务进农村、一网通办送便捷的方式，实现了乡村治理全方面覆盖，全市政务服务能力和质效不断提升。

加快“互联网 + 政务服务”体系建设，引行政审批进村入户。利用大数据等先进技术将全市政务进行归纳整合，建立全市政务“一网通办”总平台。总平台统一受理申办全市分散的政务，由多网受理改为一网受理，形成了从市到镇、到村的网上办事全覆盖网络。将部门审批系统与“一网通办”总平台审批系统进行无缝对接，建立统一的审批标准，实现政务服务业务的全流程协同和统一管理。建成江苏省首个资源集成的证照共享应用平台，率先实现身份证和营业执照“一证一照”共享通用。针对那些群众关注度高、办理量大的高频事项和跨部门、跨层级办理的事项，革新重构办事流程和业务流程，全力推进“流程式”变革。在并联审批、信息共享、集成优化的基础上，简化动物诊疗、农药销售、农村土地流转等 500 多条审批流程，平均压缩审批环节 50% 以上。

创新“一站式”政务服务模式，打通乡村政务服务“最后一公里”。搭建“一件事”模型，开办动物诊所、开办游泳馆、不动产登记集成服务等进驻“一件事”综合服务窗口。同时，大力推动企业开办等业务“一窗融合”，满足乡村企业在政务服务方面的个性化需求。显然，张家港市通过再造办事流程，将单一窗口专项办理调整为多窗口综合办理，真正实现“数据多跑路，群众少跑腿”“进门即办”的服务模式，办事服务效能大幅提升。为保证综合服务窗口发挥最大效用、实现窗口有效集成，加快“全科社工”队伍建设，聘用熟悉社区业务、综合能力强、群众满意度高的 1284 名“全科社工”上岗办公，打通服务群众的“最后一公里”。

优化“全方位”人性化服务，“智慧服务”便民利民。积极探索智能导服，在综合服务窗口搭建“智慧问答”系统以提供咨询导办的服务，引领江苏省政务服务收件“智能问答”之路，成为江苏省先进模范数字城市。推动政务服务入口全开放式面向基层，建设乡镇（街道）便民服务中心9个、村庄（社区）服务站点272个，综合自助一体机69台，为村民就近办理事务提供便利条件。建立健全帮办代办服务体系，针对行动不便的村民群众，提供“上门办公”服务。开设市、镇、村三级帮办代办窗口30个，努力构建以“市镇村三级联动、全程覆盖无盲点”为特色的帮办代办服务体系。

通过对大数据信息进行分析整合，政务服务高度集成，真正实现以人为中心的智能化、便捷化、标准化的便民利民服务。利用互联网“开放性、共享性、协同性”思维连接线下和线上两个办事中心，对传统的政务服务流程进行优化再造。通过“串联”审批变“并联”审批，“群众交件”变“内部流转”，办事由“来回跑”变“一窗办”，归集各类电子证照30余万张，适用于超80%的政务服务场景，市本级93个公共服务事项已实现“全城通办”。便民服务送进家门，累计为老年群体提供“上门”服务50余次，免费提供EMS邮寄服务，为企业群众节省成本152.8万元，完成各项帮办代办服务5000余件，努力实现“办事不出村”“零跑动”。

（资料来源 :《数字乡村建设指南1.0》，中共中央网络安全和信息化委员会办公室。）

数据运用多元化，提升政务服务效能水平。随着互联网、人工智能等现代信息技术在乡村社会发展中的广泛应用，村民主体权利意识的回归,要求农村基层组织及时有效地回应村民的多样化需求。实际上，以基层政府和“村两委”为主导的政务服务供给模式，远不能满足村民的多元化需求和差异化诉求。农村基层组织数据运用能力的不足，往往会导致资源浪费和对村民关心事项的怠慢，最终影响政务服务效能。要建立乡村数据应用体系，对数据信息进行深入分析，将其应用到传统政务服务的各环节全过程，形成全域覆盖的政务服务体系。例如，江西上饶引入了“居民身份证自助办证一体机”和“居民身份证自助取证机”，其“智慧办证”的运用大大提高了业务效能，也为村民提供了更为便捷的政务服务。可以通过政府部门信息平台和电子政务信息系统的数据联动和信息共享，在线下便民服务站设立不同的政务服务窗口，并在线上设立“一网通办”的综合性政务服务网点。例如，重庆市 1081 项政务服务已能在网上或移动端一键办理，97% 的市级行政许可事项实现“最多跑一次”，95% 的事项网上可办。

二、为群众监督小微权力插上科技的翅膀

习近平总书记强调 :“要深入整治民生领域的‘微腐败’、放纵包庇黑恶势力的‘保护伞’、妨碍惠民政策落实的‘绊脚石’，促进基层党组织全面过硬。要继续坚持‘老虎’‘苍蝇’一起打，重点查处不收敛不收手的违纪违法问题。”[1] 村级组织及村干部作为乡村自治的重要主体，依法享有村级重大决策、重大活动、重大项目以及资金、资产、资源管理等方面的管理监督权力。一方面，村干部作为村民自治的“领头羊”，处于国家政策贯彻落实的第一线，其履职的廉洁与否直接关系到村民切身利益的实现程度。另一方面，村级组织和村干部作为村民的直接服务者，权力虽小影响却大，其行为活动直接影响着村

[1]《习近平谈治国理政》(第三卷)，外文出版社 2020 年版，第 548 页。

民的获得感和满意度。2018 年的中央一号文件中指出，要推行村级小微权力运行清单制度，加强基层小微权力腐败惩处力度。因此，要将大数据、互联网等现代信息技术切实运用到村务公开、对村干部权力行使的监督过程中，加强对村级小微权力运行的智慧化监管，使民众赋予的公共权力真正在阳光下运行，让权力监管更加全面到位。

加快建设村务智慧监管平台，拓展监管渠道。人工智能、大数据等现代信息技术的出现以及 5G 时代的到来，标志着现代社会进入智慧化、智能化时代。乡村小微权力不断扩大，村级权力运行逐渐失范，呼唤对小微权力进行全面有效的监管。村级事务管理应顺应时代发展潮流，将现代信息技术运用到村务管理监督全过程，实现村务监管智慧化、技术化、数字化。

首先，收集整合信息，实现村务“数据一张网”。将村中大小事务和村民关心的热点难点议题，统一整合到村务监管平台中，实现省、市、县（区）、镇（乡）、村五级全覆盖，确保与村民切身利益息息相关的信息，都可在电子网络公开平台中查询。村务智慧监管平台的建设，坚持科学合理、突出重点、操作简单的原则，因地制宜、实事求是地予以个性化设计，注意简化平台功能和操作方法，重点突出村级财务开支、民生资金发放、惠农扶助政策、建议反馈等板块内容设计。

其次，规定公开内容，对农村小微权力清单中 8 大类 24 个项目进行全面公开。重点公开并详细说明村集体的财务收支账目和村集体资源使用情况，保证村民第一时间掌握、随时查看村务信息。将平台公开内容划分为即时公开和实时公开两大板块。在日常村务信息方面，规定每月固定日期公开上一个月的村务落实情况；针对村务重大事项决策，在经过全体村民会议表决后，及时公开表决结果，确保信息传递的时效性。

最后，拓宽监督渠道，在平台开设村民监督投诉专项渠道。通过智慧监管平台建设，村民对村务信息存疑之处可以在线质询，让村民知情的同时更能发挥监督作用。同时辅以反馈交流通道，村民可及时交流、反馈问题。这在一定程度上弥补了传统村务公开仅可进行信息获取，而无法质询、监督与反馈的短板，增强了村民之间、村民与村干部间的交流互动，形成村务管理主体间的良性有序互动。

［典型案例］

沈阳市辽中区：探索农村集体“三资”数字化监管新路径

农村集体“三资”涉及村民切身利益，也是村务监管的薄弱环节。解决农村集体“三资”问题，成为乡村振兴的重要发力点。辽宁省沈阳市辽中区大力推进农村集体“三资”数字监管平台建立完善，成效显著。

建立集多个网络于一体的智慧平台。辽中区在“多网合一”的组织架构基础上进行平台设计，将原有的“三资”管理、清产核资、产权管理等七大功能板块重新规划设计，建立囊括农村集体家底数据、交易数据、资金数据的全面数据库。在全区范围内选取潘家堡镇、于家台村、蒲东街道、冷子堡镇等进行先行试点，在这些村镇对“三资”进行全面清查、盘点和核对，同时整理成数据表格等录入平台数据库以便日后查看，做到账清、财清、物清和债权债务清。

创新利用互联网技术加强监督。“三资”问题作为基层干部监管薄弱环节，必须创新手段加强监管。辽中区乡镇（街道）农村、区级业务部门、区纪委监委机关统一入驻平台内部，由乡镇农村进行直接监控、区级业务部门进行业务监控、区纪委监委机关进行实时监控。建立健全协同联动机制，对“三资”

平台运行情况进行全方位跟踪监管。摒弃传统监管理念，创新运用“制度＋平台”的监管理念。集体“三资”的管理、使用和处置等环节一律通过平台操作，实时公开各操作环节信息，实现平台运行规范化。

市场参与运作促进收入增加。建设农村集体“三资”智慧平台的最终目的，是保证“三资”有效运营及促进资产保值增值。农村资源往往因消息闭塞而闲置，可以市场参与农村集体“三资”的运作使用，一定程度上提高了农村集体资产、资源处置知晓面和参与度，缓解了资源利用不充分的现象。辽中区通过合理竞价、公开招标投标等方式，将社会资本引入农村市场，加快农村集体“三资”流转速度，促进资产保值增值，实现了资源价值最大化。同时，借助建立的农村集体“三资”智慧平台进行“三资”全面清查，及时掌握各村集体资产情况，厘清了债权债务。

各村集体“三资”的权属关系进一步分明，村干部的权力运行更加规范化、程序化。得益于智慧平台的建立，辽中区才能将市场需求与集体“三资”结合，让农村集体“三资”监管更加便捷化、智能化、数字化，在试行期间共有789笔交易在平台完成，交易金额合计3043万元，溢价金额合计327万元，交易面积21271亩。正是认识到了农村集体“三资”的重要性，辽中区在三方面进行创新探索，走出了一条属于本村的数字化、市场化、阳光化的农村集体“三资”管理运营之路，完成农村数字化乡村治理的“最后一公里”。

（资料来源：《数字乡村建设指南1.0》，中共中央网络安全和信息化委员会办公室。）

融入“互联网+”技术，创新监管方式。村务公开是村务监督管理的重要形式，是实现村民民主监督的重要内容。近年来，党和国家大力推动“互联网+”行动，互联网与经济社会各领域进一步融合发展，成为经济社会高质量发展的重要驱动力量。2022年中央一号文件提出大力推动乡村建设和规划管理信息化，实现数字乡村建设助力治理有效。“互联网+”计划与村务信息化建设深度融合，利用“互联网+”技术打通村民监督的“最后一公里”，有利于提升村民对村级小微权力运行的监督水平。在采取传统村务公开方式的同时，积极运用网上公开新形式，推动广大村民利用官方网站、本村论坛等村务监督管理平台，随时随地参与到村级事务管理监督当中。就此而言，“互联网+”技术与传统村务公开方式的有机结合,既保障了村民的监督权力，也增强了村级小微权力行使的透明度。此外，还可以通过建立微信群、QQ群等形式，同步公开村务信息，如党务村务财务、重大事项决策以及集体资产承包情况等。在村务监督管理中综合运用各种信息技术手段，有利于破除传统权力监管方式的弊端，降低监管成本，拓宽监管渠道，提高监管效率。

三、加快构建促进群众参与的智慧平台

农村是村民参与社会活动的最基本单位，农村治理更是创新基层社会治理的重要载体。农村治理主要包括村务管理和重大事项决策两方面。由于村干部在村务信息掌握、村务管理决策方面具备优势，村中大小事务往往是由村干部进行管理决策，村民很难参与其中，在村级事务管理中作用有限。目前，现代信息技术逐步走进乡村地区，为农村社会发展注入了强大动力，成为推动农村社会治理的重要抓手。将现代信息技术运用到农村社会治理全过程，建立完善乡村智能网络

协商平台，打造开放、理性、共建、共享的网络协商平台，拓宽村民参与农村社会治理的渠道，创新农村社会治理的发展路径，是推动乡村治理现代化的题中之义。

加大平台基础设施建设力度。“九层之台，起于垒土”。对于推动网络协商平台的构建而言，良好的信息化基础设施就是“垒土”。对此，需要进一步加强乡村信息化基础设施建设，为乡村网络协商平台的建立提供有力的硬件保障。政府要加大互联网普及力度，扩大 5G 及光纤网络在乡村的覆盖范围，让新一代信息网络延伸到广大乡村地区。同时，各网络运营商应给予乡村通网一定的资金支持，为乡村地区提供提速降费等多项服务。在政府的政策支撑和运营商的资金支持下，提高乡村网络运行速度和水平，实现“一网通村”，大幅度提升乡村互联网的普及率。要全力推动信息化成果进村入户，推动通讯信息服务站在农村地区落地生根，鼓励采用多种技术手段构建“数字家园”，有效发挥信息化基础设施在农村生产生活中的技术支撑作用。

打造综合网络协商平台。网络议事协商借助网络技术手段，打破村务管理的时空限制，为村民参与乡村自治带来了极大便利。要建立乡村智能网络协商平台，在平台上公开协商活动的议题、背景等相关事项，在协商过程中鼓励村民积极参与线上讨论，将村民在网络平台上的意见建议和留言信息进行汇总，为实现村务民主决策和科学管理提供有价值的参考信息。要通过公众号、微信群等载体，及时发布村务信息，让村民对村内事务进行实时探讨，各抒己见，进而增强村民的归属感，促进乡村共同体的形成，使全过程人民民主在乡村社会落地生根、开花结果。

[典型案例]

江苏省淮安市：有事好商量 码上议事解难题

为更好地探索“互联网＋村民自治”的新路径，淮安市政协在江苏省政协大力推进“有事好商量”协商议事工作及相关政策文件指导的前提下，运用二维码、大数据、云计算等信息技术的优势，在全市镇村开展“码”上议工程。所谓的“码”上议就是依托市“智慧政协”系统，为全市1700多个基层协商议事室所建立的网上协商议事室。利用互联网信息技术的强大优势，通过二维码和门户网站等线上途径，采用扎根基层所需、汇集群众智慧、开放议事空间和倒逼成果转化等方式，使信息技术渗透到协商民主过程中的每一环节，实现信息技术从议题征集到成果落实的全面融合。

“码”上征题，广开言路。为了更广泛、更及时地了解村民群众的实际需求，使协商议题更加切合村民所需，让村民在线上提出问题，市政协在每个乡村社区内都设立了专属的协商议事室和二维码，村民们只需扫描本村专属二维码即可参与主动出题活动。点击“有事好商量 我来出题”模块，即可按照协商议事征题模板填写议题内容完成出题。村民们通过该渠道就能将与自身利益切实相关的问题有效地传达出去。

“码”上建议，集思广益。将“有事好商量”协商议事的议题纳入“码”上建议板块，方便村民统一查找。就公示期内感兴趣的议题，村民们可以通过点赞、留言等方式来参与和建言献策。如果想了解以往的议题，点击“码”上建议栏目中的“查看更多”，通过年份筛选出所关注的议题，便可留言提出建议。

“码”上协商，开放议事空间。“码”上协商板块的提出，通过建立抽象虚拟的公共空间，让无法到达现场的村民可以线上参加议事协商。由此一来，突破了时空限制，在彼此不见面的情况下也能协商讨论所关心的议题。就正在协商的议题而言，村民可以进去“码”上协商板块，点击想要参加的议题协商活动，身份核验成功后即可获得参会号码。同时打开“天翼云会议”App，输入会议号码，即可随时进行远程参会。为推进农房改善工作，村委委员在村民们家门口开展协商议事活动，对于无法到场的村民，通过网络实时转播现场协商流程，使其参与线上讨论，最终实现到会群众全部现场签订征地协议。

“码”上查情，推动落实。将协商议事的具体情况、议事过程、议事成果进行公示，村民们浏览“码”上查情板块，点击查看自己所感兴趣议题的开展情况。达成共识的协商议事成果由协商议事室管理员及时登记汇总，记录好议题各阶段的时间节点、任务进度和完成情况。成果未落实到位的议题进行二次协商，寻求新的解决思路并跟踪监督落实成效。针对协商过程中的不同意见，事后做好解释说明。村民们还可查看议事成果，进行点赞留言，强化事中事后监督，实现对协商议事全过程的实时掌握，推动协商议事成果转化落实。

（资料来源 :《淮安搭建“有事好商量——‘码’上议”平台》，新华网江苏频道。）

第四章
智治与法治：乡村社会综治精细化

法律是治国之重器，法治是国家治理体系和治理能力现代化的重要依托。随着城乡一体化推进和乡村社会结构转型，传统乡村德治、自治面临新的挑战，亟须将法治元素纳入乡村治理领域，构建自治、法治、德治相结合的乡村治理体系。新一代信息技术的蓬勃发展，为法治乡村建设带来了新的契机，以智治助推法治乡村建设迈上新台阶，推动乡村社会综合治理精细化、智慧化是大势所趋。

第一节　智治支撑“法－智”融合的现实前提

随着大数据、人工智能等数字技术蓬勃发展，坚持以乡村自治为基础、德治为导向，以精准高效的智治支撑乡村法治建设体系，是新时代构建乡村治理体系的必然要求。新时代，将智治嵌入乡村治理体系，通过优化数字媒体平台，精简优化村民办事流程，增强乡村社会综合治理的适应性和回应性，确保乡村治理资源的合理优化配置，增强数字技术与乡村治理之间的耦合性，以智治支撑“法－智”融合激发乡村治理的内在动力，是新时代乡村社会治理现代化的题中之义。

一、乡村法治建设的政策要求

习近平总书记明确指出："全面推进依法治国，推进国家治理体系和治理能力现代化，工作的基础在基层。"乡村治，百姓安，天下稳。农村作为国家治理的重要场域，在实现国家长治久安中占有基础性地位。推进乡村法治建设是发展中国特色社会主义的必要条件，是实现乡村振兴的基本前提，必须把依法治国的理念贯穿乡村治理全过程。

党中央高度重视乡村法治建设工作，出台了一系列政策文件，为持续提升乡村法治水平，满足人民群众对法治、公平、正义、安全等方面的需要，夯实乡村振兴战略根基提供了重要依据。

坚持党的领导是推进乡村法治建设有序进行的必然要求。乡村基层治理的一切事务应始终坚持在党的领导下、在法治轨道上有序进行。坚持党的领导是明确乡村法治建设方向的必要保证。《关于加强法治乡村建设的意见》明确要求：紧紧围绕统筹推进"五位一体"总体布局和协调推进"四个全面"战略布局，按照实施乡村振兴战略的总体要求，加强党对法治乡村建设的领导，健全党组织领导的自治、法治、德治相结合的新时代乡村治理体系，坚持以社会主义核心价值观为引领，着力推进乡村依法治理，教育引导农村干部群众办事依法、遇事找法、解决问题用法、化解矛盾靠法，走出一条符合中国国情、体现新时代特征的中国特色社会主义法治乡村之路。

农业农村部发布的《关于全面推进农业农村法治建设的意见》明确了法治乡村建设的四大任务，具体包括：

一是强化乡村振兴法治保障。围绕乡村振兴重点领域和主要任务，依法巩固拓展脱贫攻坚成果，促进乡村产业、人才、文化、生态和组织全面振兴，推动工农互促、城乡互补、协调发展、共同繁荣的新型工农城乡关系加快形成。充分发挥法治对农业农村高质量发展的引领和推动作用，依法强化农业支持保护，保障乡村建设有序开展，持续增加农民收入，促进农业高质高效、乡村宜居宜业、农民富裕富足。

二是完善农业农村优先发展制度支撑。把农业农村优先发展要求法律化制度化，依法推动干部配备优先考虑、要素配置优先满足、资金投入优先保障、公共服务优先安排。围绕加快农业农村现代化，将行之有效的强农惠农政策措施制度化法定化，营造公平、透明、可预期的农业农村法治环境。加强立法与改革衔接，及时将农业农村重大改革决策、改革成果上升为法律制度，在法治轨道上推动改革不断深化。

三是着力提高依法行政水平。坚持法定职责必须为、法无授权不可为，全面履行法定职责，把法治作为农业农村部门行政决策、行政管理、行政监督的重要标尺，厘清政府和市场、政府和社会的关系，用法律和制度遏制不当干预经济活动的行为。以提升法治素质为核心，进一步增强农业农村系统领导干部和工作人员尊法、学法、守法、用法的意识，提升运用法治思维和法治方式推动工作的能力水平。

四是深入推进乡村依法治理。坚持以法治保障乡村治理，充分发挥法律法规、村规民约和农村集体经济组织、农民专业合作社章程等的规范指导作用，让依法决策、依法治理成为乡村干部的习惯和自觉。深入开展农业农村法治宣传教育，推动法律知识进村入户，培育办事依法、遇事找法、解决问题用法、化解矛盾靠法的乡村法治环境，积极引导农民群众依法维权和化解矛盾纠纷，维护农村和谐稳定。

二、乡村法治建设的重要意义

全面推进乡村法治建设，能充分发挥法治在农业农村现代化进程中固根本、稳预期、利长远的重要作用，有助于助推农业高质量发展，引领农村经济社会各项改革，为全面推进乡村振兴、加快农业农村现代化提供有力法治保障。

完善乡村法治建设体系为乡村善治提供法律依归。完善乡村法律法规体系，是实现乡村法治建设的重要前提。一方面，需要大力完善涉农领域立法，建立健全农村司法保障体系。另一方面，需要不断提升乡村公共法律服务水平，通过加强全国民主法治示范村（社区）创建活动促进农村基层民主法治建设，推动“数字法治·智慧司法”建设，深化法治乡村规范建设。《关于加强法治乡村建设的意见》更是将乡村法治建设作为党和政府工作的重点内容之一，要求各级党委和政府以《中国共产党农村工作条例》为基本准则，把法治乡村建设作为依法治国以及实施乡村振兴战略的基础工作来落实，严控县乡党政主要负责人履行推进法治建设第一责任人职责。全国各地要把法治乡村建设纳入本省、市、县法治建设总体规划，明确重点任务，统一协调，加强领导，及时解决法治乡村建设过程中的重点问题。

促进乡村法治建设是促进乡村振兴的必经之路。乡村法治建设既是乡村振兴的重要内容，更为乡村振兴的实现提供法律保障。一方面，乡村法治建设是乡村振兴的重要内容。2018 年的中央一号文件将法治乡村、平安乡村作为构建乡村治理新体系、实现乡村振兴的重要内容。2021 年 4 月，《中华人民共和国乡村振兴促进法》出台实施，为农业农村现代化迈向新征程提供了坚实的法律基础。它将国家打赢脱贫攻坚战、巩固脱贫攻坚成果以来关于农业农村治理的经验上升为法律条文，是在解决了乡村振兴在战略规划、人才建设、工作流程和机构保障等方面的关键因素后，站在“法治中国”的高度，以国家法律形式促进乡村振兴战略规划顶层设计的重要举措。另一方面，乡村振兴离不开乡村法律制度的保障。推动法治乡村的建设，能够为构建乡村公序良俗、推进乡村振兴提供法律基础。随着经济的不断发展与村民素质水平的不断提升，乡村村民的权利意识逐步觉醒。针对当前农村存在的群众性自治组织规范化建设、农村土地承包经营纠纷调解仲裁、农村法律援助等重点问题，《法治社会建设实施纲要（2020—2025年）》明确指出，要开展法治乡村创建活动，完善社会矛盾纠纷多元预防调处化解综合机制，努力将矛盾纠纷化解在基层；大力推广运用远程网络等法律服务模式，促进城市优质法律服务资源向农村辐射。《中华人民共和国乡村振兴促进法》指出，为进一步加强基层执法队伍建设，鼓励乡镇人民政府根据单位所需设立法律顾问和公职律师，鼓励条件较好的地方建立公共法律服务工作室，深入开展法治宣传教育和人民调解工作。

乡村法治建设是平安乡村建设的基础和前提。乡村振兴战略与良好的乡村秩序构建都离不开乡村法治建设，它为维护农村和谐稳定、促进乡村建设发展、保障农民安居乐业提供法律制度保障。建设平安乡村一方面要建立健全乡村社会治安综合治理领导责任制度，以推进乡村社会治安防控体系建设，将社会治安防控力量下沉至基层各处。另一方面，要深入开展扫黑除恶专项工作，严厉打击乡村黑恶势力、宗族恶势力、黄赌毒盗窃拐骗以及其他违法犯罪活动，尤其关注近期频发的电信诈骗活动，依法加大对境外渗透活动和非法宗教活动的打击力度，抵制任何利用宗教干预农村事务的行为，并致力于整治乡村乱建庙宇或涉及滥塑宗教造像的行为。此外，还需建立健全乡村公共安全体系，定期开展乡村居住环境安全隐患排查活动，坚决遏制出现重、特大安全事故，做好突发公共事件的应急预案工作。要以现代信息技术为支撑，以网格化管理为基本抓手，提升基层服务和管理精细化、标准化水平，以严密精准的法治乡村制度推进农业农村现代化和乡村振兴进程。

法治乡村建设能够为营造美丽乡村提供制度保障。法治乡村建设在社会保障体系方面的发展能够为乡村振兴的发展带来基本保障，以法治乡村推动美丽乡村建设，有助于持续改进人居环境。运用法治途径，推进《农村人居环境整治三年行动方案》的实施，为污水治理、农村垃圾处理和村容村貌提升提供行为准绳，集中力量整合资源，有序推进农村人居环境突出问题治理，推进农村散煤替代，推广天然气、电力以及新能源的开发和利用。加强法治宣传普及教育，提升农民基本权利保障水平，化解社会矛盾。为农村低收入群体安全住房保障准入资格、乡村新房和旧房宅基地规划管控提供判断准绳。

三、乡村法治建设的现实差距

党和国家有关政策文件对于法治乡村建设的目标内容、原则和治理方式做了极为丰富的论述，为建设法治乡村指明了方向和实践路径，为乡村法治建设的不断发展提供了源源不断的动力。近年来，随着乡村法律制度体系不断完善、法律资源与服务不断下沉、乡村公共法律服务体系不断优化、普法宣传活动力度不断增强，基层执法质量明显提升，干部群众尊法、学法、守法、用法的自觉性明显提高，乡村治理法治化水平得到大幅度提升，人民群众的获得感、幸福感不断增强。然而，相较于到 2035 年基本建成法治乡村这一目标而言，已有乡村法治建设实践仍有部分挑战需要进一步回应，具体体现在以下几个方面：

基层政府行政执法能力和执法规范化程度有待提升。乡村法治建设既要良法，更要善治，二者缺一不可。要充分释放法律制度的能量、活力，构建有序的乡村治理关系，执法者的素质与能力至关重要。执法者要具备良好的法治意识，需要始终坚持为民导向，从法治角度认真解决基层治理的突出问题，切实依据法律事实与准绳为群众办实事、解难事，保障人民群众合法权益，不断增强群众法治获得感，维持乡村社会长治久安；执法者要具备丰富的法治素养。良好的法治意识离不开法治知识学习与法治技能培训，唯有持续提升依法办事能力和执法业务能力，才能为预防和化解乡村社会矛盾纠纷、维护稳定和发展提供可靠的法律保障。值得注意的是，乡镇等基层政府执法人员知识结构老化、年龄结构不均衡，而新进入基层的工作人员又缺乏实践知识储备，在依法推进乡村治理和化解矛盾纠纷过程中存在一定的能力短板。作为法律制度的执行者、法治文化的助推者，乡村执法队伍发挥着极为重要的连接作用，其执法行为的规范性、有效性影响着村民对法律的认同和信仰。从长远来看，需要继续提升骨干队伍能力水平，加强对执法人员能力培训，提升依法办事能力和执法业务能力；进一步完善乡村执法违规的行政问责机制，打造一支专业化、职业化、现代化的乡村综合行政执法队伍。近年来，宣城旌德县积极践行新时代“枫桥经验”，坚持把非诉讼纠纷解决机制挺在前面，把准乡村振兴法治需求，通过打造专业化法庭、做实法官工作室工作、选派法治副书记以及完善诉调对接机制等措施，推动矛盾纠纷源头化解，为乡村振兴提供有力司法保障。

［延伸阅读］

解读：新时代“枫桥经验”

枫桥经验，是指20世纪60年代初，浙江省诸暨县（现诸暨市）枫桥镇干部群众创造的“发动和依靠群众，坚持矛盾不上交，就地解决，实现‘捕人少，治安好’”的“经验”。为此，1963年毛泽东同志就曾亲笔批示“要各地仿效，经过试点，推广去做”。“枫桥经验”由此成为全国政法战线一个为人所津津乐道的典型。之后，“枫桥经验”得到不断发展，形成了具有鲜明时代特色的“党政动手，依靠群众，预防纠纷，化解矛盾，维护稳定，促进发展”的枫桥新经验，成为新时期把党的群众路线坚持好、贯彻好的典范。

党的十八大以来，新时代“枫桥经验”开始孕育发展。习近平总书记多次指示批示，要求坚持和发展新时代“枫桥经验”。2013 年 10 月 9 日，习近平总书记强调：“各级党委和政府要充分认识‘枫桥经验’的重大意义，发扬优良作风，适应时代要求，创新群众工作方法，善于运用法治思维和法治方式解决涉及群众切身利益的矛盾和问题，把‘枫桥经验’坚持好、发展好，把党的群众路线坚持好、贯彻好。”

2018 年 11 月，中央政法委会同中共浙江省委在绍兴召开纪念毛泽东同志批示学习推广“枫桥经验”55 周年暨习近平同志指示坚持发展“枫桥经验”15 周年大会，把新时代“枫桥经验”界定为“党领导人民创造的一整套行之有效的社会治理方案”，明确坚持和发展新时代“枫桥经验”的基本路径：坚持党建引领、坚持人民主体、坚持“三治融合”、坚持预测预警预防、坚持基层基础。有力推动了新时代“枫桥经验”从单纯的矛盾化解方法向社会治理综合方案的转型。

此后，坚持和发展新时代“枫桥经验”被写入《中国共产党农村基层组织工作条例》、2019 年和 2020 年中央一号文件、2019 年国务院《政府工作报告》以及《中共中央国务院关于支持浙江高质量发展建设共同富裕示范区的意见》等党和国家重要政策文件。新时代“枫桥经验”的应用领域不断延展。

乡村法治资源供给和法律服务可及性有待加强。乡村公共法律服务是政府公共职能的重要组成部分，是推进乡村法治建设的重要组成部分，是保障和改善村民基本权利的基础性工作。近年来，随着工业化、城镇化加速推进，农村大量青壮年劳动力外流，农村常住人口持续减少，空心化、老龄化趋势日益明显，法律资源短缺、法律服务供给不足、可持续性保障困难等问题，与农村的法律服务需求不断增长之间的不适配，构成了乡村法治建设的重要挑战，而乡村社会空心化带来的乡村社会风险、道德风险防范化解问题也构成了乡村社会治理的薄弱环节。乡村法律服务资源供给、优化法律援助质量成为亟待解决的问题。目前来看，乡村法治资源供给存在以下短板：一方面，乡村法律服务资源可及性不强，法律咨询和服务就近获取难度较大，村公共法律服务工作中心、法律服务工作站标准化建设亟待升级；另一方面，法律资源紧张且分布不均衡、人才储备不足、经费保障不足、偏远地区公众知晓率和使用率不高、智能化水平偏低等问题普遍存在。

村民群众的法治素养不均衡。随着信息化、法治普及水平不断提升，农村村民的法治意识大幅度增强。但由于经济发展水平低和地理环境区隔，使得一些偏远落后的地区未能获得较为充足的法治教育，相较于城市居民而言，农村居民的整体法治素养水平也存在一定差距。唯有村民知法、信法、守法，乡村法治才能获得厚实根基，才能得到长足发展。随着新农村建设的不断推进，围绕着农村承包土地流转、宅基地住房拆建等重要问题的乡村矛盾纠纷成为乡村发展建设的主要挑战。和谐乡村建设离不开村民自身法治意识的支撑，唯有不断提升村民的法治素养才能理顺乡村治理中公与私的边界，才能真正维护村民的合法权利与村集体发展的公共利益，才能实现乡村长治久安。

第二节　智治之于乡村法治的必要性

近年来，随着经济社会快速发展、城镇化水平不断提高，农村社会结构发生了深刻变化，农民利益诉求日益多元化，客观上要求乡村治理不断创新方式，提升现代化水平。数字赋能乡村治理，既能为提升法治乡村建设提供科技支撑，也能为乡村法治现代化提供新的方法路径。为此，要着力发挥新一代数字技术在推进乡村法治建设中的基础支撑作用，构建乡村数字治理新体系，繁荣发展乡村法治文化。

一、数字治理适应乡村法治建设的转型方向

党的十九大报告对乡村振兴战略的具体实施提出了“二十字”的部署要求，即建立健全自治、法治、德治相结合的乡村治理体系。新一代数字技术的勃兴为乡村法治建设提供了新途径。数字化作为乡村治理的重要手段，能充分调动多元主体参与乡村法治建设的积极性，鼓舞多方主体在数字空间内建言献策，以此畅通乡村法治建设的沟通渠道，提升乡村法治建设治理成效，构建共建共治共享的乡村治理格局。近年来，乡村法治建设在所面临的新环境以及服务型政府理念的推动下，朝着为人民提供高效法律服务的方向发展。旨在以公共法律服务全面覆盖为目标，完善公共法律服务供给职责，提高法律工作人员提供公共法律服务的工作效率。将数字治理技术运用至乡村法治建设的进程中来，正是因为数字赋能的治理方式与乡村法治建设的转型方向相适应。

不同于传统的分配方式，数字化技术凭借其优秀的统筹、归纳、计算、分析能力，能够帮助解决乡村法治资源供给与分配难的问题，为村民提供个性化、多样化的公共法律服务，为乡村公共法律服务供给的碎片化问题提供解决路径。同时，数字化治理为法治乡村建设赋

能，通过线上网络信息化平台的建立，确保信息流通的高效性和准确性。拉近了村民与基层政府、基层干部之间的距离，实现线上的交流互动和信息领域的高效流通，为村民与村干部提供了“非面对面”的高效沟通场所。线上海量法律相关信息，为村民提供了提升法律意识的学习平台，线上平台还可与企业联动运作，商业化辅助运作能为平台发展带来资金流通、资源供给以及管理维护的基础保障，也能为村民带来良好的线上法律服务平台使用体验。线上法律服务反馈平台的建立，能够使得村民为平台发展、法律服务治理以及法律工作人员的工作情况做出有效、积极、迅速的反馈，网络时代的高效信息传播，有利于平台相关内容、公共法律供给以及工作人员的工作内容针对反馈情况做出相应调整。同时，数字化治理拓宽了村民表达法律服务诉求的沟通渠道，村民掌握法律基础知识和法律服务信息的同时，也能随时表达公共法律服务需求，便于法律资源供给主体精准地掌握村民对于公共法律服务的需求，满足村民多样化的公共法律服务需求，使得法律工作人员能够精准提供个性化的专项法律服务，从而优化法律资源配置，助力于乡村法治建设。

二、数字治理满足乡村法治建设科学化需求

乡村法治建设的发展对于乡村的发展具有重要意义，决定了乡村未来的发展方向，保障了乡村人民生活的长治久安。乡村决策对于乡村治理日常工作开展的导向作用，是乡村治理合理化的重要抓手之一，由此决定了乡村法治建设往往与乡村决策密不可分。随着近年来城镇化速度的加快、农村人口的流失，农村人口留守化和空心化以及乡村法治意识、程序欠缺容易引发乡村公共决策悬浮，民主决策被少部分村庄“中心人物”所掌握，造成村委会对村公共事务进行决策时存在

信息误差，甚至由于缺乏相应约束使得决策目标、方案与促进乡村发展的根本目标背道而驰，人民群众的生产生活受到影响，个性化的法律服务需求难以得到满足，使得以村干部为主的决策主体难以充分掌握村民的实际利益需求和相关价值取向。长此以往，村民日常安全生产生活难以维系，村庄发展长治久安的现状受到威胁。

因此，通过智治支撑乡村法治建设，利用大数据和互联网作为交流载体和线上平台，能够打破乡村以地缘、血缘以及互惠关系等利益网为基本关联的关系结构，拓宽了村民参与乡村决策的表达渠道。村民能够通过线上网络平台积极献计献策，为乡村法治建设的发展提供完善意见，有利于完善村集体公共事务决策机制，广泛吸纳多元主体参与乡村决策，提升公共决策的科学性与合意性水平，同时也提升了村民对于村庄的归属感，增添了整个村庄发展进步的活力与生机，有助于村民个人发展进步与乡村整体发展建设，营造和谐团结、互助向上的乡村发展氛围。数字赋能的这一治理方式坚决打击了涉村事务村干部“一言堂”的决策模式，坚决遏制了乡村黑恶势力抬头，确保了乡村治安工作的有序开展，维护了村民生命财产安全。数字赋能法治乡村建设兼顾监督管理方面，通过在线上公共法律平台开通监督问询模块，为居民提供在线上平台监督有关乡村决策产生、实施、评估、改进等整个过程的参与机会，促进居民意见得到充分的表达、理解和讨论交流，确保村庄最后所做出的乡村决策是被乡村大多数村民所认可实施的。在数字治理的平台支撑之上追求乡村决策的科学化，有助于促进乡村集体事务决策的公平公正，推进乡村决策的顺利实施，为乡村法治建设的发展打下坚实基础，维护村民个人利益的同时不忘村集体的共同利益，重视村庄整体法治水平发展以及村民个体法治素养的提高，保障村民的基本权利与义务。

三、数字治理符合乡村法治建设的发展方向

在面临乡村公共突发事件时，数字化治理能够打破传统的乡村公共治理垂直领导结构单一、僵化的治理模式，改变传统协同治理依靠人、财、物的公共危机事件治理手段。数字化治理能够通过大数据收集多部门的相关应急数据，从而利用强大的计算机系统进行分析计算，通过技术手段获取数据背后的相关安全价值，在海量信息中检索、分类、分析、总结出乡村社会变迁中风险发生的客观规律，并将其测量化、模型化和可预测化，在面对当前日益重视的公共危机事件预防和控制方面展现出强大的适应与应用能力，乡村法治平安建设在乡村数字化治理技术的支撑下能够释放出更大的能量与活力。

数字赋能乡村法治建设的发展方向应与时代发展相适应。需要在乡村法治建设协同数字治理的基础上制定具有实践意义的乡村数字化治理制度，通过利用信息技术应用的跨区域化和信息共享的高效便捷化及无障碍化特点，结合各地乡村实际找出法治乡村建设的核心问题，总结各地法治发展进程中的经验教训，与村民实际的公共法律诉求相对应，为村民提供精准、优质的公共法律服务，鼓励和支持村民参与本村法治安全建设工作。优先解决村民最关心、关乎乡村生产生活正常开展的社会法治问题，提升村民与数字化的联结感，重点关注乡村热点问题。利用数字化技术突破乡村法治建设的原有壁垒，将村规民约等非正式制度与数字化治理中的正式制度相统一，形成双向嵌入的治理方式格局。构建多元治理主体下，治理主体间目标一致、相互协作、紧密合作、共同向上的乡村法治建设格局。利用数字化治理跨区域、跨时空、客观化的特征，满足村民多样化的乡村法治治理需求，保证在具有共同发展目标的基础上吸纳更多具有互补作用的治理主体参与至乡村法治建设中来。将垂直化与水平化的治理结构相接洽，通过横

向维度与纵向维度上治理主体的交流互动，使数字化技术更好嵌入法治乡村建设的实践中来。增强数字技术与乡村法治建设的耦合度，在探索和创新的引导下完善和优化数字治理体系，有助于当面对乡村公共突发事件时，提升平安乡村创建的预测力、及时反馈能力和危机化解能力，满足和回应村民有关乡村法治建设的治理需求，为法治乡村建设添砖加瓦，营造乡村风清气正的法治环境。

第三节　乡村社会综合治理精细化的实现路径

党的十九届四中全会指出，要加强和创新社会治理，完善社会治理体系，建设人人有责、人人尽责、人人享有的社会治理共同体。为此，要推动社会治理和服务重心向基层下移，把更多资源下沉到基层，更好地提供精准化、精细化服务。治理精细化已成为推进乡村治理体系建设的重要目标，对提升人民群众的幸福感、获得感和安全感具有重要意义。当前，社会综合治理精细化已在城市治理领域发挥着积极作用，但在乡村治理过程中发挥的作用仍较为有限，因此，亟待解决数字赋能乡村社会综合治理的“最后一公里”问题。

一、更新乡村社会综合治理理念

“精细化”具体指以精细、精确以及细致化的方式进行某项活动。自新公共管理运动以来，改革者主张将企业管理中先进的科学管理方式和技术引入至政府公共部门，借鉴量化科学的企业管理模式，营造“顾客导向”的行政文化，提高公共部门的管理效率。精细化的理念被运用于政府行政活动中，要求政府对内部机构设置、权责分配、执行任务、达成目标要求等方面进行更为细致、明确的安排，不是模式化的操作，而是根据地区特点进行明确化、科学化的程序设置。其目的在于提升政府的行政效率，在等级森严的科层制组织中能够有效地传递信息，探索精细化的职能分工和常态化的指标考核，提升工作效率，完成所设定的目标，达成组织愿景。

党的十八届五中全会指出："加强和创新社会治理，倡导推进社会治理精细化，构建全民共建共享的社会治理格局。"将"精细化"与社会治理相结合，在社会治理目标的指引下，通过科学化、精确化、人性化的过程设计，给社会公众提供精细化、个性化的公共物品与服务，实现社会治理的理念思维从"粗放"向"精细"转变。它体现为社会治理全过程的精细化覆盖，贯穿于居民意见表达、采纳、反馈，社会目标执行过程监管，结果产出科学评估等社会治理全过程。随着时代发展，精细化理念逐渐延伸至社会治理的各方面，为当下治理效率的提高、治理主体多元化、治理成本精简化、治理流程精密化、治理手段专业化、治理资源整合化等提供理念支撑。

在城乡融合发展的趋势下，为构建城乡融合、城乡互补、工农互促、共同繁荣互助的新型工农城乡关系，推进国家治理体系和治理能力现代化，农村社会治理开始朝着精细化的方向发展。农村社会治理精细化是指在坚持乡村振兴战略的基础上，贯彻新发展理念，采用科学有效的治理机制，关注村民的个性化治理需求与乡村治理的细节，降低行政预算成本，提升乡村治理的效率。精细化的趋势符合新时代的背景，同时也是人民众望所归。农村治理精细化工作要做好做实，必须扎根于农村、扎根于基层，从群众中来到群众中去，积极听取基层百姓对于治理工作的意见建议有助于发挥精细化模式中以人为本的核心理念。将治理思维从"粗放"转为"精细"，满足村民群众的合理需求，以提升农村居民生活质量、为人民谋福祉作为根本目标，在提供乡村公共服务方面不断细化、深化，提升服务标准化程度，将治理工作做到"最后一公里"。将乡村振兴战略的要求落在实处，主要考验的就是农村治理的目标、方式和成效。2018年提出农村治理新体系的目标是建设美丽乡村。《“十四五”推进农业农村现代化规划》提出，2035年的愿景目标之一是乡村全面振兴取得决定性进展，农业农村现代化基本实现。农村治理的内容涵盖了经济、政治、文化、产业以及生态等方方面面，农村治理的方式以党的十九大所提出的自治、法治、德治相结合乡村治理体系为标准。《乡村振兴战略规划(2018—2022年)》对乡村治理工作在生态格局、乡村文化、农村民生以及发展布局空间等方面提出了具体的指导规划，对重点工作细项进行安排，通过精细化的安排力求将农民生产生活安居乐业纳入至乡村振兴的发展蓝图中。

二、树立以人民为中心的价值观

做好乡村社会综合治理精细化工作，要坚持以人民为中心的价值观，站在人民的立场关心与人民生产生活息息相关的每一件事，针对民众的诉求解决相应的问题，以改善民生为核心，以提升居民的幸福感为根本目标。乡村数字化治理模式重视科学技术革新对社会治理的影响，在强调技术治理的同时也要关注到治理的主体，重视人的因素在其中发挥的作用，尊重和保障人民的正当权益。坚持以人为本，关注人民百姓的需求，坚持为人民服务。实现乡村社会综合治理精细化的目标，以人民为导向，意味着还需拓宽公众参与的渠道。公民作为基层治理的重要主体，也是数字化乡村治理的重要参与力量，通过在街道各社区进行志愿者宣传和公益宣传活动，针对不同年龄的群体，推出专题宣传活动，能有效推进数字化乡村治理的进程。例如在微信公众号、网格社群、微博等公众网络平台进行乡村治理的宣传，同时也可以和传统纸媒以及电商零售、通讯运营等媒体平台进行合作，来激励民众参与乡村治理工作。打造线上线下齐头并进的宣传模式，营造一个携手共进的和谐氛围，致力于提升居民的获得感和幸福感，提升居民对于乡村数字化治理工作的全面认知，鼓励更多的志愿者参与到治理工作中，携手共建和谐社会。

三、创新乡村社会治理模式

农村治理精细化需要有政府、社会、公众相互协同参与，政府制定公共政策应考虑侧重进行信息化、标准化的制度建设，发挥法治作用的同时给予公众自治的空间。

历届党的全国代表大会会议报告均体现出了精细化治理的理念，党的十七大指出“发展成果由人民共享”；党的十八届三中全会提出“推进国家治理体系和治理能力现代化”；党的十八届五中全会报告中提出“推进社会治理精细化、构建全民共建共享的社会治理格局”；党的十九大提到“加强社会治理制度建设，完善党委领导、政府负责、社会协同、公众参与、法治保障的社会治理体制，提高社会治理社会化、法治化、智能化、专业化水平。”可见社会综合治理的精细化是社会治理模式的重要创新，能够助力于形成共建共治共享的社会治理格局，通过提升智能化、法治化、专业化和社会化水平推进社会综合治理能力的全面提升，促进国家治理体系和治理能力现代化的发展。社会治理精细化作为国家治理体系和治理能力现代化的内在要求和基本逻辑，应始终坚持以民为本、以民为先的理念，坚定以人民为中心、为人民服务的决心。社会治理精细化的核心理念与国家治理体系和治理能力现代化的价值理念所对应。

2019 年 1 月，中共中央、国务院印发的《关于坚持农业农村优先发展做好“三农”工作的若干意见》指出，对于乡村治理工作应建立健全党组织领导的自治、法治、德治相结合的领导体制和工作机制，强调将群众作为治理主体参与乡村治理工作纳入制度规范化建设。2019 年 6 月，中共中央办公厅、国务院办公厅印发的《关于加强和改进乡村治理的指导意见》，针对加强乡村治理工作、法治乡村建设方面提出要推进农村社会治安防控体系依法建设的决策部署，强调党组织对乡村治理的领导作用、多方主体参与治理工作的协同作用、党员干部对乡村治理的模范作用以及居民自治对乡村治理的促进作用。乡村治理的各项环节要加大对基层小微权力腐败惩治力度、充分发挥人民法庭对于乡村治理的规范职能作用、加强乡村治理的人才队伍建设以充实基层治理力量、加大对乡村治理先进典例的推广宣传力度等。将农村社会综合治理精细化的理念贯彻至乡村治理的各项环节中，促进乡村社会综合治理手段守正创新。2022 年中央一号文件提出，对于乡村工作要突出实效改进乡村治理以及要坚实推进机制创新的进程、加大政策保障的力度，包括推行乡村治理数字化赋能、网格化管理以及精细化管理，突出乡村治理工作中的法治乡村建设，将依法治理、源头治理和综合治理相结合。

四、强化多要素的综合保障

坚持以数据为载体、信息技术为平台的运转模式。通过基层治理数据库的建立，推动基础数字资源的共享，创建公共设施、人口、住房、地下空间等分数据库，居民可按需向政府申请查看。依托于这些基础数据，定期对分数据库进行更新并汇总至总数据库，为行政决策提供辅助依据，有助于提升决策可行度和权威性。除了需要有数据库的支撑，还应开发面对不同场景、需求的应用软件，以便将数据汇总、信息查询、协同治理、多方监管以及科学引导等多功能应用集为一体，既方便了政府进行统一、全面、精细、科学的监管，也便于居民进行一站式信息查询和监督。通过智慧预警、自动推送、风险评判等功能，打造主动预见型智慧网格服务。重视信息平台的可适用性，既要兼顾网格内管理事项的井然有序，将基层网格的各类事项逐条添加至网络管理平台，也要顾及网格管理员和群众的实际使用情况，实现管理资源的集中一体化建设。

［典型案例］

白银市：奋力推动乡村治理现代化

近年来，甘肃省白银市深入贯彻党中央关于加强和改进乡村治理决策部署，紧扣建设平安白银、法治白银的基础导向，以提升乡村治理体系和治理能力现代化为主攻方向，以增进农民群众法治获得感和幸福感为基本目标，创新开展法治乡村建设“八大行动”，强力推进基层社会治理“五治融合”，激活了乡村社会治理的“神经末梢”，走出了一条具有白银特色的基层治理现代化新路子。

一是坚持“一个总揽”，党建引领、多元善治。坚持把党的领导作为法治乡村建设的根本前提，贯穿全过程、渗入各环节，党建引领、政治先行、多元善治，构建形成“合唱联动”“刚性推动”“群马拉动”法治乡村建设新格局。

二是实施“八项行动”，五治融合、共建共享。确定“八项行动”作为推进“五治融合”的突破点、切入点，全力打造共建共治共享的社会治理新格局。实施善治引领行动，制定印发了《白银市行政执法能力三年提升行动2022年重点任务分解方案》，明确了6个方面17项具体工作任务，推动行政执法深度参与乡村治理。积极推进乡村“数字法治·智慧司法”建设，推动司法行政基础提档升级。全市四级公共法律服务平台服务群众 4000 余人次。

三是发挥“三个效应”，法治护航、助力振兴。充分发挥文明实践、网格管理、协商议事三个基础效应，推动形成多层效应叠加、多元法治护航的乡村振兴助推体系。发挥文明实践基础辐射效应。依托各县区新时代文明实践中心（站、所）建设，构建与新时代文明实践相协调的基层治理体系，持续开展“美好生活 民法典相伴”“法护人生”“法进家庭”“法润村居”专项行动，带动培育不同类型、不同主题的村居法治文化品牌项目和学法阵地，推动依法治理与文明实践深度融合、相互促进。发挥网格管理基础雁阵效应。依托“大数据 + 网格化 + 铁脚板”治理机制，将精准化普法与网格化治理相融合，精准推送法律服务产品和“以案释法”典型案例，搭建上下联动、全域覆盖的精准普法网络，有效实现“网格化管理、精准化服务”。

（资料来源：《聚焦“八项行动”强化“五治融合”奋力推动乡村治理体系和治理能力现代化》，白银政法网。）

坚持以政策助推为基本抓手、人才振兴为根本核心的可持续发展。技术手段的执行需要有制度规则的制约，打破单凭信息破解难题的现状需要制定细化的基层社会治理数据管理规范以及数据隐私安全规范，从根本上推进数据融合管理的标准化。在保证隐私安全且政策允许的情况下，依靠数据对接和交互平台，实现数据资源的互通共享功能。政策助推还体现在对于治理执法权限的控制上，各地创新治理特色，也应遵守相关管理规则，在职能允许范围内进行治理工作。在执法的过程中，各执法部门与乡镇综合执法部门办公室应做好责任分工，厘清工作职责，以保障乡村综合社会治理中科学管理程序的合法性、合理性、公平性。科学化的治理体系需要有充实的人才队伍支撑，因此需着力培养数据分析、平台维护、舆情监管和网格治理等方面的综合性高素质专业人才。采取社会招聘、选调派遣以及青年优秀干部轮岗培训等方式，吸引更多积极性高、能力强、高素质的青年人才加入到乡村数字化治理的队伍中来。对乡村治理的人才队伍进行专业培训，丰富乡村治理人员的专业知识，增强务实精神和实践能力。例如聘请城管、市容等职能部门的实务经办人员，结合具体实例给乡村治理人员进行专题培训并开展交流沟通活动，一方面扩充专业知识储备，另一方面促进了互信和谐的互助关系，增强了发现问题并解决问题的能力。

坚持以政企合作为引领、精细化治理为要领的发展模式。乡村社会综合治理精细化需要政府对治理机制进行顶层设计，而与政府部门相比较，企业在互联网新技术的开发方面具有市场前瞻性，对信息数据具有高度敏感性。因此，乡村治理从传统模式逐渐向数字化转型，需采取政企合作的形式，由以相关技术见长的企业负责系统平台开发，发挥企业的技术优势，政府在保证数据安全的情况下，可提供相关基础信息数据的支持，坚持互惠合作的基本原则。拓宽资金投入的渠道，引入市场化的引资机制，采用政府购买、服务企业外包等方式，吸引民间资本的投入，由政府投入资金的单渠道投入机制转变为社会多渠道的投入机制，给资金的流通提供了更多重的保障。有了政企合作为技术与资金等方面添加保障，对于乡村社会综合治理工作的发展产生了巨大推动力。应致力于将治理流程设计向精细化发展，通过科学化、标准化、全面化的规则、过程和指标设计，为农村社会综合治理提供秩序支撑保障。应明确多元主体参与治理，厘清主体间的社会服务责任，始终将为人民带来福祉作为根本目的，将精细化的理念贯彻至日常治理工作中，不仅要让乡村治理人员明晰精细化治理的原则，也需让生活其中的村民百姓理解精细化治理的重要作用，主动配合并参与到治理工作中来。

五、健全公共法律服务体系

建立全面系统的线上与线下相结合的公共法律服务机制。扫除线下提供公共法律服务的运行障碍，以区县司法局、乡镇司法所作为重要平台建立法律服务中心或法律服务站，为村民提供法律咨询、法律援助、人民调解、普法教育和司法引导等公共法律服务。逐步推动互联网和公共法律服务的全面融合，提升法律援助、司法调解等业务的线上服务水平，使村民群众不出门便可享受便捷、高质量的公共法律服务。为确保公共法律服务的质量，使得网络平台的法律从业工作者能够利用网络平台开展司法调解、法律宣传等工作，应加快构建反馈有效的互联网公共法律服务体系。通过反馈及时的互联网公共法律服务体系，将农民、网络平台与公共法律服务三者联系在一起，促进整个公共法律服务体系的过程可控、管理明晰、权责清楚，解决对农村社会治理法律服务供给方面可能出现的过程不透明、信息不公开、反馈不及时等问题，打通村民与公共法律服务之间的“最后一公里”。根据村民群众所反馈的信息，优化改进网络平台用户体验与公共法律服务的供给问题。致力于提升农村公共法律服务的专业化程度，满足村民对于法律服务的不同需求，保证公共法律服务质量的同时，推出个性化服务、精细化服务，切实促进公共法律服务体系建设。

[典型案例]

湖南怀化北斗溪镇："互联网+"助力法律服务便民利民

北斗溪镇位处湖南省怀化市的溆浦县，地处偏僻、交通闭塞。对于这里的老百姓而言，从前申请一次法律援助，免不了要经历重重险阻。不仅路费花上几百元，还要中转换车饱受舟车劳顿之苦。而如今，只需登录"如法网"，就可以一键申请法律服务，且在很短的时间内就可以收到结果反馈。为此当地村民大方地称赞起这一便民利民的举措。

这其中的"如法网"是指由湖南省司法厅充分发挥"互联网+"思维所推出的，集合先进科学技术、整合法律服务资源的全国首个省级公共法律服务网络平台，是贯彻落实党的十八届四中全会关于建设完备的、覆盖城乡的公共法律服务体系精神的重要行动。湖南省司法厅以点到面，通过"如法网"的推出上线，着力于在全省打造"互联网+公共法律服务"的标志性招牌，令老百姓知法懂法、爱法用法。"如法网"将全省130多家法律援助中心、41家公共法律服务中心、1800多家法律服务机构以及近两万名的法律从业人员和湖南司法行政工作人员整合在同一个平台办公。"如法网"作为全国第一个"云上"司法行政系统、第一个介入支付宝城市服务入口的政府公共法律服务项目、第一个集法律援助服务、司法行政管理和法治宣传推广功能为一体的政府公共法律服务项目，为群众打造了方便一站式的公共法律服务。"如法网"用电商模式的O2O平台提供公共法律服务，在另一层面上也激发了电商O2O平台的市场活力，例如在"如法网"上线一段时间后，推出了手机App版本，使老百姓能够更为方便快捷地提出法律服务申请，向老百姓提供"口袋里的公共法律服务"。

北斗溪镇得益于“如法网”所推出的线上公共法律服务，降低了居民申请公共法律服务的成本，使得更多居民能够获得法律服务的帮助，为老百姓提供了“综合性、一站式”的直接服务。通过精准掌握群众的服务需求、创新服务手段，设立线上客服对民众的问题及时进行答复，真正打通“最后一公里”，解决老百姓找律师难的现实问题，将服务真正传递到人民群众的掌心中、心尖上，让人民群众只需轻点鼠标、动动手指，就可足不出户申请公共法律服务。对于律师来说，借助“如法网”O2O模式办理案件，能够在案件咨询、案件办理和案源拓展等方面带来便利，并得到群众的赞赏评价。“互联网＋公共法律服务”这一模式通过线上的方式为民众提供法律服务，致力于让数据多传递、群众少跑腿，力求为老百姓提供最方便快捷的公共法律服务，真正拉近老百姓与公平正义之间的距离，将正义的种子栽种在人民生活的土地上，让人民直接收获正义的果实。

（资料来源：《“互联网＋”助力法律服务便民利民》，人民网。）

加强顶层设计，健全完善相关保障机制。促进公共法律体系的建设离不开顶层设计的制度保障。为实现“互联网＋公共法律体系”助力法治乡村建设与乡村振兴战略的目标，应整合政府各部门与社会各界的公共法律服务资源，建立由党委领导牵头、各单位部门合作参与的公共法律体系领导机制，引领社会各界参与供给公共法律体系服务，以满足村民需求，拓展多样化和个性化的公共法律服务。以信息化的基本思维推动基层司法体制改革，优化改进司法机关的工作考核办法。落实顶层设计还应由司法部门发挥好带头作用，促进可视化大数据平台的建设，做好信息数据收集、整理、筛选、查询和决策等工作，根据条件规律编制各类型的数据图形，直观展现变量间的变化关系，以此预测和判断各个业务类别的发生率，并根据业务类别制定相关的解决措施，做好相关问题的提前预案，尽可能避免问题的再次发生，保障村民在公共法律方面的合法权益。提升数据共享水平，以便公共法律平台的数据能够高效导入至公检法系统、政务平台以及综治平台等一系列平台，达到数据平台共建共享的目的。采取多样化的信息科技手段，例如卫星定位、指纹识别、红外线感应以及人脸识别等技术，由人工操作朝着智能化管控的方向发展，加快信息的采集和处理速度，以达到远程执法的要求，提升化解矛盾冲突问题的能力。促进资源整合，完善法治乡村建设的保障机制。

加强人才队伍建设，健全考评监督体系。在“互联网 + 公共法律服务”法治乡村建设的过程中，人才建设占据了重要领先位置，因此，打造一支高水平的专业人才队伍具有必要性。需以“互联网 + 公共法律服务”建设的要求为标准，扩充线上法律服务队伍，组成一支专业水平高、综合素质强的队伍；增加农村信息员的数量，来为广大农民群众提供线上高质量公共法律服务；通过公开招标和社会市场采购等手段遴选合格规范的线上法律服务组织；招募优秀的法律服务工作者，强化他们为民服务的使命感和责任感；定期为建设高水平的公共法律服务队伍提供指导，加强对法治乡村治理人才建设的保障。对于农村法治建设人才与公共法律服务人才的管理，应由司法行政机关制定相应的工作考核实施办法，将精细化的理念纳入至考核方案内容中，形成科学、合理、标准化的考核机制。可考虑利用各级政府部门的绩效考核方式，将“互联网 + 公共法律服务”建设考核情况纳入至法治城市、法治县（市、区）创建活动的考核范围之中，打通多样化、多主体、多渠道的全面监督体系。

坚持多措并举，提升线上法律服务质量。以网络信息平台的建设助力公共法律服务的供给，加速法律援助、司法行政和农村地区治安防控等方面信息资源的有效整合。要加强村民的法律意识培育。利用线上网络媒体平台与线下入户介绍推广相结合的方式开展普法宣传活动，以形式丰富、生动形象的视听效果给村民群众留以深刻印象，由此促进村民群众的法律意识增强并提升对村民群众提供法律服务的有效性。要通过资源整合强化法律服务便利性。为实现村民群众足不出户、零距离办理法律业务，工作人员高效解决公共法律服务问题的目标，应充分利用信息手段，将法律服务部门、法律援助中心和相关执法部门的公共法律资源整合归入网络虚拟平台，使得居民群众能够获取更多关于信息法律的资讯，从而方便居民及时寻求公共法律帮助。要充分运用信息技术释放数据潜能。发挥技术支持的作用，建立快捷高效的数据分析系统，提高网络平台对数据的整理和分析能力，把握在法治乡村建设中遇到的问题，为农村公共法律服务提供决策依据。要加快构建智慧法律服务平台，提供高效援助服务。切实推进人工智能与大数据、云计算等信息手段与公共法律服务深度融合，以村民群众提出的法律问题为导向，推动司法行政机关提供精准化与协同化服务，促进“互联网 + 公共法律服务”体系的优化升级，以此加快法治乡村治理现代化的进程，促进乡村社会综合治理精细化，解决公共法律服务所面临的供给不足、针对性不强等问题，不断提高公共法律服务的质量，以更好地服务于人民。

第五章
智治与德治：乡村德治信息化

党的十九大报告首次将德治纳入乡村治理体系的范畴，德治作为乡村治理体系的基本要素，发挥着融合、引导、教化及约束的功能。推动乡村治理体系现代化，必须以德治为重要抓手，改善乡风文明，实现乡村振兴和良善治理。数字技术的出现与普及，为乡村文化和道德价值的传承与传播提供了新的路径选择，不仅能让源远流长、博大精深的中国优秀农耕文明得到有效传承和发展，也推动着乡村德治实践更加高效便捷。智治与德治的融合是推进乡村治理体系和治理能力现代化的重要环节。实现乡村文化振兴，必须紧跟时代的要求和人民的新需求，将数字技术赋能于乡村德治，加强数字文化信息基础设施建设，深入推进乡村德治阵地建设，完善乡村公共文化服务体系。

第一节　乡村德治建设的基本内涵与要求

习近平总书记强调，我国农耕文明源远流长、博大精深，是中华优秀传统文化的根，要在实行自治和法治的同时，注重发挥好德治的作用，推动礼仪之邦、优秀传统文化和法治社会建设相辅相成[①]。德治作为乡村治理体系的基础，是一种内生外生交杂的柔性约束，起着规范行为、调节关系、维护秩序的作用。明确乡村德治内涵和乡村德治体系建设的内容，是推动乡村德治信息化建设的基础。

一、乡村德治的基本内涵

一般从两个角度来理解德治的内涵，即传统德治与现代德治。传统德治往往与"人治"相对立和联系，强调"为政以德""德主刑辅""道德教化"，注重道德规范、伦理价值在教化民众、维护社会秩序方面的作用。现代德治是吸纳中华优秀传统文化精华，经过不断实践探索而确立"以德治国"的治理理念，在新时代成为乡村治理体系中与"自治"相融合、与"法治"相辅相成的乡村德治。乡村社会是国家政权的基础，乡村治理体系中的"德治"是"以德治国"在乡村社会治理的运用和延展，在乡村社会发挥着"软治理"的价值支撑作用。具体而言，乡村德治是将"德治"嵌入乡村治理体系中，以弘扬和践行社会主义核心价值观为核心，通过乡土礼治秩序、村规民约、伦理价值、道德规范等形式，提升乡村社会整体的道德水平，预防和解决乡村社会的矛盾及冲突，贯穿乡村治理全过程的重要治理方式，也是实现乡村治理有效，促进基层治理充满生命力及乡村社会和谐有序发展的基础和关键。

二、乡村德治建设的主要内容

在乡村治理现代化进程中，德治不仅与自治和法治协同发力，而且为自治和法治提供了重要支撑。总体上而言，在乡村治理现代化进

[①]《习近平谈治国理政》（第三卷），外文出版社 2020 年版，第 260 页。

程中，乡村德治建设包括以下三个方面。

一是强化道德涵养。实践证明，乡村治理只有以一定的道德要求为支撑，将社会主义核心价值观贯穿于法治的所有领域，使自治体现出应有的道德风尚，让法治蕴含必备的道德水准，特别是把社会公德、职业道德、家庭美德和个人品德融入乡村自治的整个过程，才能使乡村自治达到理想效果。在推进乡村治理现代化的过程中，道德具有润物无声的育人功效和春风化雨的引导作用。只有不断强化乡村治理的道德涵养，发挥道德的导向性作用，使其为乡村治理现代化提供厚实的道德支撑，才能使自治和法治的作用得到充分发挥，才能使道德自身的价值引领功效得到应有彰显。

二是弘扬文明风尚。推进乡村治理现代化必须在广大村民中大力提倡新时代文明风尚，破除沉淀在乡村的陈规陋习，提倡节俭办事，抵制攀比之风，提倡文明风尚，取缔低俗文化。作为讲究礼尚往来的熟人社会，利用道德的教化功能，大力提倡勤俭节约，不仅可以使广大村民从相互攀比之风中解放出来，还能够破除乡村不应有的恶俗陋习。同时，面对一些打牌赌博和封建迷信等落后于时代的腐朽文化活动，只有通过道德的涵养和文明风尚的引领，才能让向善向好的乡村质朴文化绽放绚丽色彩，才能让文明新风滋润广袤的乡村大地，才能大力弘扬移风易俗的新时代文明风尚。

三是完善村规民约。乡村治理现代化的过程中，要使乡村德治达致善治效果，除了充分利用乡村公序良俗的影响之外，还必须根据乡村治理的实际需要，不断完善乡村德治的村规民约，特别是要把乡村德治的成功经验和可行做法固化于村规民约之中。健全村规民约，既要传承传统乡约中的道德教育理念，又要不断总结当代乡村治理的宝贵经验，还要吸纳优良家训、家教、家风中的现代元素，构建乡村德治的激励约束机制。根据乡村治理现代化的实际需要，建构乡村德治的激励约束机制，引导广大村民提高自我管理、自我教育和自我服务的能力和水平，不断实现家庭和睦、邻里和谐、乡村和美的乡村德治愿景。

三、乡村德治建设的主要方式

乡村德治建设的主要方式包括“以规立德、以文养德、以评弘德、以行树德”等四个方面。

“以规立德”，即完善基层管理体系。一方面将乡村德治与乡村基层党组织建设结合起来，利用嵌入性机制，发挥党组织的引领和共产党员的先锋模范作用，以党的道德追求和党员的道德要求，赋予乡村德治新内容和新方向；另一方面，以村规民约、居民公约等管理制度为抓手，遏制并破除乡村陈规陋习风气，强化乡风文明建设的制度约束。

“以文养德”，即打造教育阵地体系。通过道德教育基地的建立，立足丰富的红色资源和厚重的历史文化，开展思想政治教育，弘扬社会主义核心价值观和优秀传统民俗文化，推进习近平新时代中国特色社会主义思想进社区、进农村、进家庭，推动主流思想舆论在乡村社会不断巩固扩大。

“以评弘德”，即构建道德评价引领体系。通过道德积分制进行引导和激励，精准量化新时代文明实践和道德实践行为，将信用评价和道德奖惩挂钩，并树立道德模范典型进行宣传，培育新乡贤，营造崇德向善、见贤思齐的浓厚氛围，打造文明乡村的新风貌。

“以行树德”，即打造新时代文明实践阵地。以“中心示范、所（站）跟进、成员单位积极配合、实践基地优势支撑”的文明实践工作格局，开展丰富多样的德治实践活动。同时，注重发挥家庭、家教、家风在基层治理中的重要作用，开展优秀家风家训征集宣传活动，号召群众参与到“立家风、传家训”活动中来，构建基本社会单元内的伦理价值观和行为秩序。

第二节　智治促进“德－智”融通的逻辑条件

智治促进“德－智”融通的逻辑条件，就是利用现代信息技术推进乡村数字治理体系的建设，完善乡村德治体系，提高乡村德治水平，推进乡村文化创新，筑牢文化自信之基，为推进国家治理体系和治理能力现代化奠定厚实的思想基础。乡村德治建设面临的问题及困境，是“德－智”融合的现实前提。推进新时代乡村德治建设，要在明晰乡村社会道德建设面临困境的前提下，结合新时代乡村治理体系的要求，利用区块链、物联网、人工智能等互联网技术，为新时代乡村德治建设赋能升级。

一、乡村德治建设的政策要求与现实差距

党的十九大报告提出了“健全自治、法治、德治相结合的乡村治理体系”的重大战略任务，为新时代乡村治理提供了一个全新的思路。2017 年底召开的中央农村工作会议强调要走中国特色社会主义乡村振兴道路，并指出“必须传承发展提升农耕文明，走乡村文化兴盛之路”“必须创新乡村治理体系，走乡村善治之路”等七个方面的乡村振兴发展路径。2018 年的中央一号文件《关于实施乡村振兴战略的意见》把“提升乡村德治水平”作为健全新时代乡村治理体系的重要着力点。随后，中共中央、国务院印发的《乡村振兴战略规划（2018—2022 年）》提出，要健全现代乡村治理体系，强调要以德治滋养法治、涵养自治，让德治贯穿乡村治理全过程，强调德治在乡村治理中的支撑作用，并

提出到2035年实现“乡风文明达到新高度，乡村治理体系更加完善”的远景目标。2022年的中央一号文件明确提出要“创新农村精神文明建设有效平台载体”“探索统筹推动城乡精神文明融合发展的具体方式”。这些政策文件的颁布实施，为乡村德治建设指明了方向和奋斗目标，推动乡风文明建设不断实现新突破。但随着乡村振兴战略的纵深推进，乡村德治建设新旧问题交织叠加，从而阻碍了乡村治理体系现代化进程。

乡村文明建设主体的抽离。进入21世纪后，农村空心化现象越来越严重。随着城镇化速度加快，城乡间、工农间的收入剪刀差不断扩大，作为乡村德治主体的农民逐步从乡村生产生活中脱离，并向城市和非农部门转移，中青壮年人外出务工发展，留在农村继续从事农业生产的多为老弱妇孺，导致乡村社会关系和农村经济活力整体弱化。中青壮年人的外出，也意味着乡村精英人才的流失。在这种背景下，乡村德治建设主体缺失且力量逐步弱化，大多数村民参与乡村德治建设活动的积极性不高，乡风文明建设缺乏农村内部承接体。

现代文化与乡村传统道德体系的碰撞。乡村传统德治秩序，是在长期的农耕文明历史发展进程中逐步形成的以家风家训、村规民约、习俗习惯和民间信仰等为基本内容的道德规范形态。伴随改革开放的不断深入和社会主义市场经济的飞速发展，乡村社会经济得到了前所未有的发展，人们的生活水平日益提高，思想观念、价值追求、生活方式等也随之发生了巨大改变。但市场经济理念对乡村传统文化的冲击，导致了乡村阶层的急剧分化和价值取向的多元化。价值观的多元化和人口的广泛流动，使人们受到各种外来思潮的影响，传统与现代行为规范和价值观念的碰撞导致的矛盾，将农民卷入道德判断标准两难的漩涡之中，在传统与现代的交融与摩擦中，人们的情感认同、价值认知、道德观念又极易发生变化，从而容易被一些消极认知和错误观念所影响，导致了自我私欲的恶性膨胀，极端个人主义、利己主义、拜金主义、享乐主义等消极的道德观念日益蔓延[①]，侵蚀了传统的乡村道德规范和价值体系，乡村优秀道德规范、公序良俗失效[②]。从熟人社会到半熟人社会再到陌生人社会，以血缘关系、宗族关系、共同道德伦理为纽带的道德体系不断消解，文化共识日益消减，很多乡土文化的“当地感”开始逐步消逝，一些村庄“形虽在、神已散”，乡风文明建设面临新的严峻挑战。

乡村文化建设亟待升级。乡村文化是乡村德治建设的核心要义。乡村文化建设落后，体现在传统乡村道德文化消逝、乡村文化服务供给不够等方面。对乡村而言，传统文化是重要的治理资源，乡土文化的断层和迷失直接导致道德约束出现疲软。随着我国城镇化和现代化进程的加快，部分乡村文化资源面临“保存性消亡”和“建设性破坏”的危急困境与挑战。例如，乡村文物资源管理混乱，传统村落和乡村传统特色民居遭到不同程度的破坏；乡村原有传统节日民俗活动日趋淡化，非物质文化遗产濒临消失及其传承人日渐稀少，等等。农村公共文化服务是满足农民群众精神文化生活，推进乡风文明建设的重要方式。截至“十三五”末，我国省、市、县（市区）、镇（街）、村（社区）五级公共文化设施网络基本建成。但就目前实际情况而言，公共文化机构提供服务无法覆盖广大农村，城乡之间的“信息鸿沟”会因为乡村数字文化设施短板的存在而扩大。聚焦乡村居民新需求、新期待，创新文化服务工作理念、思路、方法，为乡村居民提供丰富多彩、更高质量的公共文化服务是提升乡村德治水平的重要因素。

---

① 杨春娟：《农民道德观念变迁与道德提升路径选择》，载《河北师范大学学报（哲学社会科学版）》，2009 年第 5 期。

② 中共中央党史和文献研究院：《习近平关于“三农”工作论述摘编》，中央文献出版社 2019 年版，第 9 页。

二、智治之于乡村德治的必要性

《数字乡村发展战略纲要》指出要“着力发挥信息化在推进乡村治理体系和治理能力现代化中的基础支撑作用，繁荣发展乡村网络文化，构建乡村数字治理新体系。”乡村德治建设的提质增能，不仅要引入数字化技术手段优化传统建设模式，更需创新建设思路，激发德治建设活力。乡村德治建设与数字化技术相结合，有助于加强农村网络文化阵地建设，增强乡村网络文化引导，提升德治文化供给质量，提升村民道德素质。将数字技术引入乡村德治领域，能丰富乡村数字文化的供给，满足广大农村居民文化消费需求，并且，信息技术与新时代乡村倡导的文明新风相结合，嵌入现代乡村德治体系，可以提升农村居民的数字素养，加快乡村文化的现代转型，从而促进乡村社会治理走向善治。数字技术与乡村德治建设的互嵌、共生，不仅激发主体行动能力，也能协同社会各界多元主体共同参与到乡风文明建设中来，打破乡村德治建设主体弱化的困境。数字技术的“高效率”与乡村德治的“低成本”的有效结合，推动乡村话语由“熟人社会”到“网络”的场景转换，可以实现乡村道德舆论地的重构，提升文化治理的深度与广度。将数字化技术应用于乡村德治体系建设，实现智治与德治的融通，既是国家乡村治理体系和治理能力现代化建设的必然要求，也符合国家发展总方向和顺应社会潮流的趋势。

协同多元主体参与，增强德治建设合力。在新媒介赋权背景下，个体的自我意识和能力被激发、被释放，多元主体在动态博弈平衡中共同参与到乡村振兴中来。借助现代大数据、人工智能、物联网等数字技术，搭建乡村德治载体——智慧平台，拓宽不同主体的参与渠道，为吸纳不同层次、不同领域的主体参与到乡村德治建设当中创造了条件，并且从社会多元主体吸纳的优势资源能弥补乡村社会德治建设缺乏的要素。信息平台的搭建，设定信息共享、风险共担、行动协调的协同治理机制及多元合作机制，能增强多元主体协同监督力度，提高乡村德治多元主体协同治理效率。可见，数字技术与乡村德治建设的互嵌、共生，能激发主体行动能力，提高村民的文化素养，充分发挥乡村居民主体的作用，也可以汇聚乡村精英、社会组织、志愿者、村民共同参与到德治实践，并培育新乡贤队伍，形成乡村德治合力。

丰富文化产品供给，提升文化服务质量。通过弘扬乡村优秀文化实现乡村治理，是提高乡村治理能力的有效措施。新技术的变革催生了多元化、多形态的乡村公共文化内容供给。公共文化活动通过直播、短视频的方式，更便捷、丰富地呈现给乡村居民，满足人们的多元精神文化需求，并且数字化的引入将推动文化产业向高质量发展，促进数字文化产业经济的深入发展，从而为乡村德治建设提供一定的物质基础。通过数字技术收集、整理、转化、传播，将大量分散、优秀的乡村文化资源活化利用，促进文化资源的流动，增强乡村文化发展的能力。通过城乡公共文化数字支撑平台建设，实现城乡数字化资源的合理配置及资源共享，填平城乡数字鸿沟。例如，湖北省群艺馆积极开展数字文化馆建设，建立起包括群文活动资源库、艺术普及培训资源库、群文人才资源库和团队资源库在内的地方特色文化资源库，通过“文化点单”的方式进行“文化下乡”，为贫困地区开展文艺表演活动。构建数字文化服务云平台，可以加强各公共文化服务机构间的互联互通，对服务相关数据进行采集、整理、存储、挖掘、分析和应用，动态精准掌握村民文化需求和服务效果，实现乡村线上公共文化服务与线下公共文化活动的融合互补，提高乡村公共文化服务水平，完善乡村公共文化服务体系的“神经末梢”。

［典型案例］

“韵动株洲”平台建设——打通文化服务最后一公里

2015 年，株洲市入选第三批创建国家公共文化服务体系示范区名单。“韵动株洲”云平台便是株洲市公共服务示范创建的经验之一，是由政府采用“PPP”模式，委托社会力量建设、管理和运营的文化和旅游、体育公共服务综合性云平台，即由株洲市文体广电新闻出版局授权，湖南韵动文化体育产业发展有限责任公司（以下简称湖南韵动公司）负责投资开发、建设和运营。“韵动株洲”平台于 2015 年 8 月试运行、2016 年 2 月正式上线，采用“1+X”模式，“1”即株洲公共数字文体服务平台，“X”即市本级的“四馆一中心”（图书馆、博物馆、美术馆、文化馆和戏剧传承中心）、全民健身服务中心和电影院线、文体社团。

政府主导。“韵动株洲”是由株洲市文体行政部门批准，委托湖南韵动公司开发、经营建设的，在建设前期株洲市政府部门会投入一定的资金，提供财政补贴，建立后逐步购入平台的服务，并提供税费政策优惠和相关资源的倾斜补贴。顺势借助社会资本、企业的先进数字技术、管理经验，政府从非擅长的具体事务中脱离出来，以主导身份加强公共文化服务建设的指导与监督。例如，株洲市文体广电新闻出版局制定了相关绩效考核管理制度，要求湖南韵动公司定期向政府提交数据报表以了解云平台的整体运营情况，根据评估情况给予相应的购买服务。通过与社会主体签订契约，建立“利益共享、风险共担”的全程合作关系，实现了数字文化服务的“双轮驱动”效果。

社会化经营。推动公共文化服务的社会化，具体环节包括公共服务主体的非行政化、公共服务内容即公共事务的非政务化、公共服务实现形式与方式社会化与市场化。而“韵动株洲”平台正是由株洲市文体广电新闻出版局发起项目并进行招标，湖南韵动公司中标后承接项目的建设运营。株洲市文体行政部门均予社会主体十分宽松的施展空间。行政部门主要在价值导向、功能定位、规划指导、行业协调、过程监管、质量评估上做到“不缺位”，在日常运营、增值服务、多元经营、衍生开发等方面坚持“不越位”，充分发挥企业的技术和管理经营优势，引入市场机制的数字文化服务将更好满足人民群众的多样化文化需求。

信息互通。一方面，“韵动株洲”通过建立市、县、乡镇、村四级网络平台，接入湖南省所辖的14个市州的相关数据，要求株洲市的公共文体服务部门定期定量地提供数字资源以及资讯、活动、场馆信息到“韵动株洲”云平台上，并为新建成的公共文体机构增加数据接口，源源不断地纳入新的数据资源，形成“一张网、一键通”的公共文化体育服务格局。并将市、县、乡、村各文体机构供给的服务（比如活动、资讯、数字资源等）列入“数读株洲”数据墙，为湖南韵动公司提供实时的信息数据。既推动公共文体服务的效能不断提升，也避免了市、县、乡、村公共文化体育机构在为群众提供公共数字文化服务过程中产生“信息孤岛”或“信息失衡”现象。另一方面，收集了来自全社会的文化和旅游、体育需求，也凝聚了政府、公共文化服务机构、社会和市场等各界相关供给力量，为社会文化艺术团体、各界名师导游教练、非遗传人、基层群众文化团队以及相关企业等各类主体提供了集成平台。为公众获取信息、订票订座、活动报名、参与培训、开展活动、展示成果、传习非遗、查找景点、预定民宿、推介品牌、开发文创等提供了极大便利。

平台使各县市区的文体行政部门网站形成网站集群，整合各类文体信息资源，为其提供统一发布、统一检索、统一入口的服务，实现“市、县、乡、村”四级公共文体服务全面覆盖、互联互通，形成一个联系市民、场馆、协会和政府部门的文体服务生态圈。通过“互联网 + 公共文化”大数据服务平台，为群众提供了更加精准的“点单式”数字文化服务，既能满足群众便捷、高效、多样化的文化信息需求，又实现了公共部门和私营部门的双赢，以一种全新的姿态打造了新时代的新型公共文化服务模式。株洲市的“政府主导”从“点”落实，以平台建设为突破“点”，采取巧妙的“以退为进”做法，在“一臂之距”中形成调动社会力量参与政府服务的可贵“张力”。

（资料来源：《湖南株洲：文化服务，打通最后一公里》，人民日报，2017-04-13。）

完善乡村德治体系建设，提高乡村善治水平。2022 年 6 月 27 日举行的“中国这十年”系列主题新闻发布会中提到，乡村振兴取得的历史性成就有善治乡村加快建设，党组织领导下的自治、法治、德治相结合的乡村治理体系逐步健全，农村基层党组织战斗堡垒作用进一步加强，农村精神文明建设扎实开展，移风易俗持续推进，乡村治理效能不断提升。但与国家治理体系和治理能力现代化的战略目标相比，乡村治理现代化还存在着很大的差距，发展不充分问题依然存在，治理理念、治理方式、治理手段亟待改善。这就要求改变传统的治理模式，打破原来相对比较封闭的乡村空间格局，加强基层智慧治理能力建设。而以互联网、云计算、大数据和人工智能等现代数字技术手段，为创新乡村社会治理方式和模式，推动自治、法治、德治相融合的乡村治理体系完善，提供了技术支撑和能力保障。因此，数字乡村战略是破解乡村治理现代化难题的题中之义，数字信息技术在乡村治理的各个领域的应用和嵌入，也是推进乡村治理体系和治理能力现代化的必然结果。乡村德治作为乡村治理现代化的道德支撑和价值基础，是乡村治理体系中的重要一环。引入大数据、云平台和区块链等现代化数字技术手段，有助于提高文化治理能力，改变公共文化服务供给的基本形态，从而重塑文化生产和传播的整体环境，也势必会重塑乡村德治体系，为乡村治理提供相应的治理资源，激发乡村振兴的内在动力，促进乡村社会建立良性运行的秩序。因此，智治与乡村德治的融通是推进乡村治理现代化，提高乡村善治水平的必然结果。

[典型案例]

浙江湖州市“长兴模式”

湖州市长兴县以开展全国新时代文明实践中心建设试点县为契机，积极推进“文明诚信档案建设”试点工作，在全县265个行政村建立“一户一档一码”的诚信档案，以诚信积分助推信用建设，激励广大村（居）民向上向善，形成了创新“信用＋基层治理”品牌模式。

个性化建立评价指标。坚持数据为基础，借助数字化改革，构建村民诚信档案管理系统，打造基层社会治理智慧管理平台。长兴县以村（社区）为单位，制定了《行政村村民诚信档案季度评分细则》，按照“4+X”模式（“4”指的是个人品德、家庭美德、职业道德、社会公德，“X”为因村制宜的个性化加减分项目），制定出全县文明诚信档案加减分细则模型。

全方位归集评价信息。利用“互联网＋大数据”模式，对于“村内”的柔性数据，成立“和治理事会”，根据村规民约进行正反向评分，并录入平台。对于大量分布在各政府部门系统中的“村外”刚性数据，依托大数据平台，实现各部门数据信息共享。到目前为止，已经归集27个部门的42类正反项数据，客观反映了村民的个人、家庭信用情况，实现大数据大统筹“一户一码”。

动态化实施诚信评价。按照个性化评分标准，由“和治理事会”讨论、村两委班子决议，将诚信档案中的垃圾分类、移风易俗、配合镇村中心工作等14项乡风文明内容的评分信息输入文明诚信档案管理系统，结合各部门的刚性数据自动生成文明诚信示范户、文明诚信标准户和文明诚信待提升户。在保护个人隐私的前提下，数据将自动归集到平台每户居民的诚信档案中，每户相应的诚信码自动在新时代文明实践网站和“掌心长兴”App的诚信积分栏目展示，实现每季度定期记录与公示。“文明诚信码”具体设置为三个等级，对应“绿、蓝、红”三色。“文明诚信示范户”为绿码、“文明诚信达标户”为蓝码、“文明诚信待提升户”为红码。

目前，平台已初步汇总各类文明诚信结果应用数据。小舞台实现大价值。村民诚信档案的推行，创新了“信用+基层治理”模式，取得较好的成效；小积分形成大约束。利用“互联网+大数据”模式，打造社会治理智慧管理平台，让诚信小积分在社会精细化管理中发挥有形的约束作用；小积分实现大实惠。利用信用信息平台，将信用体系建设、公民道德培养及基层治理融为一体，长兴县发动全社会参与、整合资源，强化诚信积分结果运用，创新建立“诚信+”诚信联盟体系，推出“诚信游”“诚信行”“诚信医”“诚信贷”“诚信购”等诚信结果运用，绿码用户（诚信户）可享受景区免费、购物打折、免费体检、免担保贷款等各项优惠；小积分融入大治理。德治自治法治相融合，信用元素引领政府数字赋能，社会治理有限资源效益最大化，基层政府治理效率明显提升。村民从被动管理转变成主动自治，参与村里事务的主动性不断提升，文明诚信在长兴落地生根。

（资料来源：《浙江：湖州长兴县基层治理信用应用场景》，信用中国网。）

推进乡村文化创新，筑牢文化自信之基。在乡村全面振兴过程中，文化引领和精神引领起着至关重要的作用，乡村文化自信更是被认为是乡村振兴的前提条件。数字媒介进入乡村后，提供了大量的文化信息内容，实现了乡村文化活动的创新，更丰富了乡村人民的文化生活，进一步满足了人们精神文化生活的需求，吸引人民群众积极主动参与到文化活动中来。数字化技术的运用也有助于弘扬优秀传统道德文化，重拾乡村文化的碎片，唤醒人们心中的记忆，播下希望的种子，让流淌在传统文化之中的大智、大真、大善、大美世世代代传下去。运用先进的技术手段，将崇俭尚勤、崇德向善等优良美德和淳朴民风有力传播出去，展示优秀乡村传统道德文化的魅力，既提升乡村文化质量，又增强村民的文化自信。例如，四川绵阳 90 后姑娘李子柒打造的“中国式田园生活”系列优质视频，将中国乡村田园生活和中华传统深厚的农耕文化，进行有温度、更鲜活、更富生命力的场景化表达，不仅给中国青年带来了“正能量”的价值引导，还在世界范围展现了中国乡村的智慧、文化与自信。乡风文明建设需要技术的加持，不仅内容生产者需要技术，内容接收者也需要技术。数字技术在乡村的普及，提升了乡村村民的媒介素养。拥有文化自觉、高媒介素养、掌握了数字技术的村民，可将隐藏的文化挖掘出来，对其内容进行生产或二次创作，拓展乡村文化的范围和内涵，在新媒体平台中展示真实的需求及丰厚的乡村民俗文化，增强其在乡村网络文化中的话语权和主体性作用，使乡村群众成为乡村文化传播的重要推动者，把文化“软实力”转化为发展“硬实力”。

第三节　乡村德治信息化的实现路径

“风俗者，天下之大事也”。乡风文明是乡村全面振兴的重要标志。乡风是维系中华民族文化基因的重要纽带，农耕文明是中华民族对人类文明的重要贡献。乡风文明建设是一项长期、系统且复杂的工程，必须以极大的耐心、韧劲，持续发力、久久为功，高质量做好这项利在长远、影响深远的重大工程，需找准乡村德治建设与数字技术“契合点”，不断完善乡村数字化治理能力。数字驱动乡风文明，即通过数字赋能，更精准、更快捷地识别和补齐乡风文明建设短板，让农民“活得有面子”“过得更幸福”，更高质量地提高乡村居民素质及主体能力，尊重民意、汇聚民智，持续为乡村振兴注入强大精神动力。针对乡村德治信息化建设存在的困境与不足，要切实把握好数字驱动乡风文明建设的实施路径，为乡风文明建设插上科技的翅膀，把优秀乡土文化和农耕文化“种”进百姓心间，进一步完善乡村公共文化服务体系的“神经末梢”，更好地满足农民群众的精神文化需求，实现“以德化人，以德育人，以德聚人”的善治，达到乡村智治的目的。

一、加快补齐乡村德治建设信息短板

分析研判乡村情势，关键在于发挥农村基层党组织的战斗堡垒作用，建立“各级党委牵头抓总，组织部门协调推进，相关部门分工负

责”的工作机制，以党建引领乡村德治信息化水平的提高，有的放矢进行乡风文明建设。借助数字工具及技术，深入分析乡村居民精神需求有哪些、过得幸不幸福、短板在哪里、根源是什么，厘清乡风文明建设的重点、难点、堵点及实践误区。立足数据分析结果，科学遴选和充分借鉴先进地区的成熟经验，拟定和实施与乡村实际相适宜的乡风文明建设政策举措。各地区要立足实际，勇闯发展模式“无人区”，落地、落细、落实拟定的政策举措。例如，根据新时代乡村治理现代化要求，打造乡村文化数据服务平台，运用大数据技术对平台产生的数据等进行深度解读，挖掘用户的偏好变化，及时调整文化资源的内容、类型，完善数字文化服务的种类、形式。还需融合相关技术，寻求更为高效便捷的服务方式，从视觉、听觉等多个维度增强用户体验。同时，要对照典型找差距，学习先进实践经验，使得乡村德治建设“百尺竿头”更进一步。目前，全国各地涌现了一批利用“智媒+”推进乡村德治的典型案例。有依托信息技术“活化”乡村文化资源，建立资料性数据库和数据资源平台的；有发挥现代网络媒体强大的宣传和教育作用，加强对乡村传统民俗、道德文化、社会主义核心价值观、好人好事等“正能量”思想的宣传，提升乡村居民思想道德底蕴的；有通过建立智慧平台，建立网络道德监督和管理系统，增强乡村居民的道德责任感和村民自身道德建设的紧迫感，并利用技术手段控制信息源，甄别和过滤不良思想文化，从源头上避免其进入乡村视野的。这些典型案例助推了乡村德治建设的数字化、智能化和智慧化，为智治与乡村德治有效融通贡献了实践经验。

（山东省莱西市创新开展“积分制”基层社会治理新机制，以小积分激发市场和社会主体活力。图为莱西市高格庄村村民在小雨滴积分超市用道德积分兑换物品。）

[典型案例]

“莱西经验”——构建德治四大体系，助力乡村振兴发展

“莱西经验”诞生于20世纪80年代，在党的农村基层组织建设中产生了深远而持久的影响。进入新时代，山东省莱西市深入拓展“莱西经验”，依托新时代文明实践中心，以道德积分制管理为抓手，打造德治联盟、德益联盟、德学联盟，构建道德评价、激励、教育体系，使基层社会治理由无形变成有形、软约束变成硬抓手、感性认知变成精确赋分，“小积分”解决乡村治理大问题，有效激活了乡村善治“神经末梢”。据悉，莱西市在乡村治理中引入“积分制”的经验做法，得到农业农村部肯定。

以党建为统领，推动乡村治理现代化。莱西市发挥党建统领作用，将德治联盟建设作为发挥基层党组织领导核心作用、打造新时代文明实践工作体系的重要组成部分，成立由党员带

头参与莱西市上善崇德志愿服务协会，下辖900余支“上善莱西”志愿服务队，建设“上善莱西”数字平台，根据政务发布、网格员采集、邻里推荐、群众自报等多种渠道进行信息采集，从社会公德、家庭美德、职业道德、个人品德等多方面，细化75项赋分标准，采取灵活赋分、专项考核、折算权重等方式建立起全市统一的道德积分评价体系，借助“上善莱西”数字平台实现信息归集存储、发布公示、查询核查、评价分析、数据监控等综合管理功能。道德评价有了明确依据和鲜明导向，促使乡村治理更加顺畅有效，群众永远跟党走的信念更加坚定。

坚持塑形铸魂惠民，乡风文明建设实现新突破。加强乡村传统道德文化保护传承。青岛现有20家“乡村记忆”博物馆，市级非遗代表性项目达到180项，胶州市“多彩非遗上合有约”项目获评省非遗保护十大亮点工作。立足丰富的红色资源和厚重的历史文化，莱西市累计投资3亿元，化虚为实，建设100处主题鲜明、内涵集中的特色道德教育基地，将埋没在岁月里、停留在记忆中的红色故事、文化经典、好人好事加以挖掘、梳理，以雕塑、展览、墙画、情景再现等群众喜闻乐见的形式固化、展现出来，以此为依托开展思想教育，形成成风化俗、以文化人的浓厚社会氛围，使身边人学“身边事”，焕发出道德教化和社会治理的生命力。

巧用积分制治理，汇聚多元主体力量。在全市印发《莱西市自然人道德积分评价管理办法（试行）》《莱西市自然人道德积分评价评分标准》《莱西市社会信用体系建设三年行动方案》，精准量化新时代文明实践和道德实践行为，将信用评价和道德奖惩挂钩，全市共启用96个新村（村）积分超市。通过平台思维汇聚社会各界的智慧与力量，就如同将一珠珠“小雨滴”汇聚成为服务社会的“汪洋大海”。莱西市运用市场化思维搭建起多种平台，探索多元化“信用+”应用场景。组织市、镇、村三级通过财政投入、社会捐款捐物等形式设立“道德资金”，用于积分兑换物品、道德联盟加盟单位消费券发放、德治工作表彰奖励等，引导社会各界共同参与“德者有得”机制建设。

（资料来源：《构建德治四大体系，助力乡村振兴发展》，青岛莱西政务服务平台。）

二、完善乡村德治建设基础设施硬件

《中国互联网络发展状况统计报告》显示，截至2022年6月，我国网民规模为10.51亿，互联网普及率达74.4%，农村地区互联网普及率达58.8%。相较城市而言，乡村数字基础设施建设明显不足，且大部分建设起步晚，而信息基础设施和技术的缺乏，无法将农村优秀的传统文化资源充分挖掘、开发和利用。因此，需要完善数字基础设施建设，使其成为有效推进乡村文化振兴的坚强支撑。将乡村数字文化服务建设与乡村振兴战略和5G通信、光纤宽带、广播电视等公共服务网络建设对接，提高网络覆盖率，并给予充分的资金和技术援助，为偏远地区提供稳定的互联网接入方式，以硬件设施升级为重点，弥合落后地区的“接入鸿沟”[1]。同时，为了避免重复建设和资源的浪费，对乡村基础设施需要进行整体统筹建设，突破“卡脖子”技术难题，实现基础设施的共建共享。立足于我国乡村经济发展水平、教育环境、资源配备以及村民文化需求等方面的差异，搭建多元化乡村文化信息服务平台。例如，加快数字乡村博物馆、数字图书馆、纪念馆、农家书屋、网络课堂等平台建设，形成资源一体化建设和服务联盟。

[1] 秦秋霞、郭红东、曾亿武：《乡村振兴中的数字赋能及实现途径》，载《江苏大学学报（社会科学版）》，2021年第5期。

三、强化乡村德治信息化的要素保障

乡村德治信息化建设包括供给主体、数据和信息知识、人才等要素。因此，激活乡村数字文化服务信息供给主体、激活数据和信息知识、激活人才队伍培养是数字驱动乡风文明建设的关键举措。

加强信息服务供给主体建设。信息服务供给主体主导着数字文化服务的主旋律，反映着农民对先进文化信息的需要与诉求，承担着乡村数字文化服务信息的选择、生产、加工与推送的任务。因此，政府在发挥主导作用的同时，要鼓励乡村企业、文化组织、公众等社会力量，参与到数字文化服务信息的供给中来，提高不同层级供给主体的数字文化信息资源加工与传播能力。乡村公共数字文化服务建设，还依赖乡土社会的自我调适，可通过完善宣传招募措施、培养机制和激励制度，打造乡村德治信息化建设服务志愿者队伍。

加强专业人才队伍培养。“功以才成，业由才广。”需要培育一批有知识、懂技术、善钻研的“三农”人才队伍，打好人才政策“比较优势牌”，营造人才生态“强磁场”，提升引才聚才“磁吸力”。要注重从外部引进和吸纳数字化专业人才，根据乡村振兴发展的实际需求，采取有效措施贯彻“外部引进”的方针，积极引导各类人才投身乡村振兴。此外，要加强相关政府组织与科研机构、高校、企业等的人才对接，做好人才输送、对口培养帮扶工作，在人才待遇和发展机会等方面给予政策支持，实现“长久留才”，不断壮大乡村文化振兴的数字化专业人才队伍，提高农村的人力资本，为农业农村高质量发展输入新理念、新思维、新方略。建立科学的人才评价激励制度，充分发挥人才积极性、主动性。通过组织各种文化文艺活动、开办学习培训班、组织外地采风等方式，开阔乡村德治技术人才视野，提升其文化服务能力和参与公共文化服务的积极性，充分发挥他们在乡村文化振兴中的作用，让其大施所能、大展才华、大显身手。

加大网络信息资源整合力度。在丰富多彩的文化信息中选择农民需要的、反映中国文化基本精神的内容，并非一件简单之事。首先，需要在广泛深入调研的基础上，有针对性地提供广大农民需要的文化信息，提供能够引领农民社会主义核心价值观与文化认同的文化资源，提供能够提高农民信息素养与文化素养的文化资源。充分了解农村各地区公共文化数字资源数据库服务终端在处理和展现信息资源方面的不同特点，建立适用于各类终端接入农村地区的公共文化数字资源库和信息系统平台。同时，需要以喜闻乐见、通俗易懂、贴近农民生活的文化形式，引导农民推进城乡文化资源数字建设的互联互通，引导企业、社会组织、科研机构等主体采集并开放数据。最后，需要提升计算机、手机、数字卫星机等智能移动设备终端的信息共享能力，较好地满足人民群众获取数字文化信息资源的实际需求。

着力提升农民信息素养与文化素养。乡村德治建设的主体是农民，农民的文化信息素养培育至关重要。农民群体数字素养与技能的高低，将直接关系到其在“触网”之后,对于数字资源的持续使用意愿和能力。《关于做好 2022 年高素质农民培育工作的通知》指出，要提升农民科学文化素质，传承优秀传统乡土文化，引导农民移风易俗，抵制陈规陋习和封建迷信，提振农民精神面貌，弘扬勤劳节俭、孝老爱亲等中华传统美德，培育文明乡风、良好家风、淳朴民风。《数字乡村发展行动计划（2022—2025 年）》积极倡导提升农民数字技能，提高农民对数字化“新农具”的使用能力，推动数字服务和培训向农村地区延伸。要有效提升传统农民的数字素养和数字技能，向农民群众普及手机应用、网上办事、电商物流、直播带货等知识，不断提升数字素养，通过多种途径培训农民各项技能，培育新型农民。挖掘重用身上有本事、手中有绝活的“土专家”“田秀才”，让“村里人”有更多本事、更多机会迈向共同富裕之路。

四、健全完善乡村网络文化建设机制

加强农村网络文化阵地建设。农村网络文化阵地建设是指将网络媒体作为社会主义先进文化在农村地区传播的有效渠道，通过主流思想网上传播、县级融媒体中心建设、乡村特色文化宣传、农村基层文化服务机构信息化，巩固农村思想文化阵地。习近平总书记强调："必须科学认识网络传播规律，提高用网治网水平，使互联网这个最大变量变成事业发展的最大增量。"[①]"意识形态决定文化前进方向和发展道路"。在复杂的网络舆情下，乡村网络文化传播领域必须坚持以人民为中心的发展思想，坚持党对网络空间治理的领导，将新媒体时代的网络意识话语权掌握在手里，使乡村居民在"理想信念、价值理念、道德观念上紧紧团结在一起"[②]。围绕乡村文化振兴这一铸魂工程努力奋斗，盘活县级融媒体资源，宣传乡村振兴实践中的先进事迹和先进典型，形成积极健康、昂扬向上的主流舆论。

规范乡村网络文化舆论监督机制。当前，互联网等媒介平台已经成为舆论斗争的主战场，网络空间已经成为各种意识和思潮激烈争夺的场域，各种利益关系冲突交织。其中，网络监管的缺失，导致诸多负面的思想和舆论在网络空间迅速传播，进而对乡村群众造成极大的思想危害。因此，需要及时整治农村互联网非法活动、清理网络空间违法和不良信息等，加强对乡村网络文化传播的引导，完善乡村网络舆论监督机制。科学运用和把握智媒传播技术手段的规律，让"正能量"驾驭算法，提振乡村社会主流价值观的传播效力[③]。

---

①《习近平谈治国理政》(第三卷)，外文出版社 2020 年版，第 311 页。

②《习近平谈治国理政》(第三卷)，外文出版社 2020 年版，第 33 页。

③ 徐敏、曹然:《推进乡村文化建设智媒化》，载《中国社会科学报》，2021-11-12。

加强乡村网络诚信体系建设。目前，乡村德治建设面临现代文化思潮的冲击，加上互联网信息技术的深入发展，“熟人社会”格局被打破，以血缘关系、宗族关系为纽带的传统道德规范和价值体系不断被消解，导致乡村社会文化信任出现不同程度的危机。乡村网络诚信体系的建设是重塑乡村道德体系、构建乡村社会文化信任的基础。因此，需要运用多种手段培植乡村网络诚信文化，广泛搭建公共信用信息服务平台，推动乡村善治秩序的建成。

数字技术的应用固然能推动乡村文化的繁荣发展，丰富乡村公共文化服务，创新驱动乡风文明建设，为乡村德治建设提供新的平台载体。但需要注意的是，数字技术并非万能钥匙，不能完全作为替代传统乡村德治的治理方式。因为，数字技术本身并不具备价值符号，没有明确的目标指向与价值倾向，技术的延伸及其带来的文化重置现象只残留了人类学意义上的仪式和叙事。技术与商业的联姻以及对消费力量的迎合，必然会对原来的文化生态造成冲击。数字技术带来的可能是人际互动的缺失、农民在文化身份认同和集体意识方面的虚无感。故而，乡村社会要谨防在“数字化仪式”中陷入“狂欢陷阱”，否则不仅不利于乡村文化振兴，反而会丢掉乡村文化的本色。因此，在乡村治理环境下，并不能仅依靠技术升级做简单的“加法”，还需要搭建适配的制度框架进行相应的规范与约束，弥补数字技术应用弊端，引导数字技术朝着正确的方向发展，有效发挥数字技术赋能的乘数效应和文化的治理功能，成为助推高质量乡村文化振兴的制胜法宝。

第六章
智治与数字：乡村数字基建提质增效

新型基础设施作为乡村智治的赋能基础，是推进乡村治理体系和治理能力现代化的重要引擎。2019 年 5 月，中共中央办公厅、国务院办公厅印发的《数字乡村发展战略纲要》提到，要加快完成乡村信息基础设施建设等任务重点，强调要着力发挥信息化在推进乡村治理体系和治理能力现代化中的基础支撑作用，对数字乡村的战略规划做出了初步拟定。2022 年 1 月，中央网信办、农业农村部等 10 部门联合发布的《数字乡村发展行动计划（2022—2025 年）》，对数字乡村发展进行了系统谋划、整体部署，重点提到数字基础设施升级行动等任务，强调要着力提高乡村数字化治理效能。近年来，随着数字乡村建设的纵深推进，新型基础设施在广大乡村地区落地，为乡村治理现代化注入了强劲动力。

第一节　乡村数字基建对乡村智治的重大意义

“变则新，不变则腐；变则活，不变则板。”2018 年 12 月 21 日，习近平总书记在中央经济工作会议上强调：“我国发展现阶段投资需求潜力仍然巨大，要发挥投资关键作用，加大制造业技术改造和设备更新，加快5G商用步伐，加强人工智能、工业互联网、物联网等新型基础设施建设，加大城际交通、物流、市政基础设施等投资力度，补齐农村基础设施和公共服务设施建设短板，加强自然灾害防治能力建设。”新型基础设施的提出和实践运用，有利于释放数字基建的治理效能，对乡村经济社会发展、治理转型具有重要的理论价值和现实意义。

一、数字基建的兴起发展

数字基建是在特定的历史条件和现实基础下提出来的，也是在实践探索中不断深化发展的，有其特定的自我演进过程。数字基建的兴起和发展既符合历史的选择，符合我国经济社会发展规律，也同我国的现实国情相结合，更能在实践中不断凸显其实践效能，是历史逻辑、理论逻辑和实践逻辑的有机统一。

数字基建为推动经济、文化、社会等的数字化发展注入了强劲动力，是经济社会高质量发展的关键发力点，更是推进国家治理体系和治理能力现代化的重要基础。在2018年底召开的中央经济工作会议上，习近平总书记首次提出了新型基础设施这一概念，把5G、人工智能、工业互联网、物联网定义为新型基础设施建设。数字基建作为新型基建的核心，其提出是立足新发展阶段、贯彻新发展理念、构建新发展格局的必然要求，是数字经济时代全面建设现代化国家的必然选择，是推动数字赋能基础设施建设的客观反映。

近年来，党和国家围绕乡村数字基础设施建设，制定出台了一系列政策举措，为乡村数字基建指明了前进方向。2018年的中央一号文件强调，要推动农村基础设施提档升级，逐步重视农村基础设施建设和发展。《乡村振兴战略规划（2018—2022年）》提出，要实施新一代信息基础设施建设工程，实施数字乡村战略。《数字乡村发展战略纲要》提到要加快完成乡村信息基础设施建设等任务重点，初步设定了数字乡村的战略目标。新冠肺炎疫情暴发后，党中央进一步把数字基建作为经济社会发展的重要基础，着力加强数字基建顶层设计和统筹部署安排，强调在统筹做好疫情防控和经济社会发展工作的同时，加快5G网络、数据中心、工业互联网等新型基础设施建设。《2020年数字乡村发展工作要点》明确提出要推进乡村新型基础设施建设。2021年的中央一号文件提到，要大力实施乡村建设行动，加强乡村公共基础设施建设。《数字乡村发展行动计划（2022—2025年）》重点提到数字基础设施升级行动等任务，对数字乡村发展做出了更为细化的部署。2022年的中央一号文件强调，要大力推进数字乡村建设，加强农村信息基础设施建设。

不难看出，随着数字基建相关政策的陆续出台，人们逐步认识到数字基建的重要性和紧迫性，这也意味着在数字技术赋能背景下，乡村基础设施建设提档升级将迈出新步伐。数字基建在助推经济社会发展高质量的同时，对乡村产业数字化转型、乡村数字治理体系构建产生越来越重要的作用，是推动乡村全面振兴、乡村治理现代化的重要引擎。

二、乡村数字基建提出的现实逻辑

乡村数字基建是对乡村经济社会高质量发展的有效回应，对推动构建乡村治理新体系有着重大作用。乡村数字基建的提出，是国际形势、社会环境、现实需求、发展阶段等有机集成的现实产物，既是补齐传统基建短板的内在要求，也是乡村全面振兴的必然要求，还顺应了乡村治理数字化转型的发展趋势。

乡村数字基建是补齐传统基建短板的必然选择。现实来看，效率效能相对较低的传统基建，已经无法有效满足新形势下新兴产业的发展需求。大力建设和推广数字基建，补齐传统基建的短板，其势已成、其时已至、其兴可待。我国产业体系历来存在“产业基础薄弱、产业协同性不强、产业链附加值低”[①]等问题。近年来，随着经济社会不断发展，产业数字化、数字产业化步伐加快，乡村数字基建在新兴产业发展中的基础性地位、全局性影响愈发突出，乡村治理数字化转型已经成为大势所趋。大数据、人工智能、云计算等基础性、战略性、创新性产业如雨后春笋般不断涌现，这对新兴产业的优化、融合创新以及转型升级提出了新的要求，更对乡村数字基建提出了更高要求。在乡村地区推动新一轮基建建设，打破了以传统水利、交通、水电等基础设施建设为代表的基建模式，依靠新型信息化、智能化科学理论与技术推动传统基础设施的解构与重组，促进了乡村传统产业的数字化转型升级，加速了传统基建向数字基建的融合与转换，开始由传统基建支撑的工业经济向以数字基建为支撑的数字经济转变。数字基建作为产业创新融合的“大动脉”，有效补齐了传统基建的短板不足，符合传统基建向数字基建调整转变的内在要求。乡村数字基建建设的持续推进，赋予了基础设施全新的内涵与功能，对传统乡村基建的转型升级具有重大意义。

乡村数字基建是促进乡村全面振兴的现实要求。准确把握经济社会发展的阶段性特征，明确不同发展阶段的主要任务，作出体现高质量发展要求的战略部署，是时代和人民赋予的重要使命。随着“三农”工作重心的历史性转移，如何进一步扎实推进全面深化农村改革、走出一条具有中国特色的乡村振兴新路子是党和国家面临的又一大难题。走中国特色社会主义乡村振兴道路必须创新乡村治理体系，走乡村善

---

① 杨虎涛：《新基建的新意义》，载《红旗文稿》，2020 年第 10 期。

治之路。乡村智治作为乡村善治的重要内容，对乡村数字基建的发展提出了新的更高要求。2018 年的中央一号文件提出，要继续把基础设施建设重点放在农村，推动农村基础设施提档升级。乡村数字基建的提出，顺应了全面建设社会主义现代化国家、向第二个百年奋斗目标进军的愿景目标和发展大势。乡村数字基建是加快推进农业农村现代化的重要引擎，更是推进乡村治理体系和治理能力现代化的重要基石，对乡村全面振兴战略实施具有重要价值。长远来看，为乡村发展插上数字基建的翅膀，是大势所趋。

乡村数字基建是顺应乡村社会治理变革的内在要求。近年来，随着乡村社会环境的整体变化，乡村社会治理结构不断发生变革，为乡村基础设施建设创造了条件和契机。怎样统筹国内国际两个大局，抓好发展和安全两件大事，是党和国家制定战略、推进改革的重要发力点。其中的关键是向“治理”借力借势，以治理现代化破除阻碍改革发展稳定的体制机制因素，以发挥不同治理主体的力量，整合不同治理领域的资源，构建共建共治共享的社会治理格局，筑牢应对一切风险挑战的治理基石。数字基建的提出和实施，能够有效适应我国当前乡村社会治理变革的社会环境，是构建乡村社会治理新格局的重要环节。近年来，发展不平衡、人口红利消减等问题愈发严重，依靠数字基建带来的新一轮经济增长新模式，能使广大乡村群众也能共享数字经济红利，有效缓解当前城乡发展不平衡等问题，为乡村经济社会长期稳定发展提供有力支撑。同时，受新冠肺炎疫情影响，一大批新产业、新业态、新模式不断涌现，在数字基建助力下，在线办公、城市交通等智能化、信息化和网格化社会治理方式在乡村地区不断实践运用，倒逼乡村社会治理摆脱原有治理模式的路径依赖，实现以乡村数字基建为基础的数字治理模式转换和调整，提升乡村治理智能化、信息化、专业化水平。

乡村数字基建是应对国际竞争严峻形势的迫切需要。基础设施建设关乎国运兴衰，新型基础设施的谋篇布局对于大国来说更显得尤为重要。在世界竞争环境逐步恶劣的背景下，经济面临下行压力的严峻形势，中国进入了以国内市场为主的新发展格局，靠动员国内消费和创新的双轮驱动机制来发展经济，更加需要推动乡村治理现代化。乡村作为国内国际双循环的重要承接力量，为构建统一的大市场提供了源源不断的生产生活资料。乡村数字基建催生出新理念、新技术和新方法，能更好地拉动内需，支撑乡村传统基础设施转型升级，提升我国农业农村现代化发展的内在核心竞争力，进而提升我国整体国际竞争力，以适应当今严峻的国际竞争环境。

[延伸阅读]

数字基建与传统基建的区别

基础设施是指为社会生产和居民生活提供公共服务的物质工程设施，是用于保证国家或地区社会经济活动正常进行的公共服务系统。

要理解数字基建的主要内容，首先就需要梳理清楚数字基建与传统基建的相关关系，才能准确把握数字基建的主要内容和价值定位。

传统基建历来是乡村经济社会发展的基础和支撑。传统的基础设施建设包括交通运输设施、通信设施、水利设施及城市供排水系统、供气供电系统等所需的固定资产，因其高成本、低创新、短收益等特征，相对于现代化、信息化的经济社会发展模式，存在着一定的短板和不足。

数字基建指的是依托5G、物联网、工业互联网、AI、云计算、数据中心等信息技术所形成的信息数字化基础设施，其范围涵盖了5G基建、特高压、城际高速铁路和城际轨道交通、新能源汽车充电桩、大数据中心、人工智能、工业互联网七大领域，具有网络化、数字化、智能化、高效化等特征。数字基建是补齐传统基础设施短板、提升产业创新水平、推进经济社会高质量发展、强化乡村智慧治理能力的有力工具。数字基建源自传统基建，更是在传统基础设施体系的基础上构建起来的，具有更加丰富的内涵、更加多样的功能以及更为广阔的应用场景。

乡村数字基建有其历史必然性和发展必要性，是数字乡村建设的强大动力，推动乡村建设的信息化、科学化、科技化，有助于进一步推动乡村发展提质提速，符合我国农业农村现代化的发展趋势。乡村数字基建建设的提速升级，正逐步赋能乡村社会发展，不断推动生产、生活以及社会治理方式的深刻变化。

（资料来源：盘和林、胡霖、杨慧：《新基建：中国经济新引擎》，中国人民大学出版社2020年版。）

三、乡村数字基建的基本内涵

《数字乡村发展行动计划（2022—2025年）》对“十四五”时期数字乡村发展作出重要部署，强调要推动乡村治理数字化进程，加快推进农村地区数字基础设施的建设。随着数字乡村发展任务的逐步明确，乡村数字基建在乡村治理体系中的重要地位逐渐凸显。以习近平同志为核心的党中央高度重视乡村数字基建发展，注重提升乡村数字化治理效能，制定出台了一系列相关的利好政策，乡村数字基建的政策实效不断凸显。

乡村数字基建的核心价值在于智慧赋能。乡村数字基建强调为乡村治理装上智慧“大脑”，以数字赋能助推乡村治理现代化。党的十九届五中全会明确提出，要借助数字化的智慧赋能作用，以助推城乡发展，实现治理模式的创新。随着人们对社会治理认知逐步深化，充分发挥乡村数字基建的智慧赋能作用，实现乡村社会的治理手段创新和治理机制完善，推动数字乡村持续健康发展，是实现乡村治理现代化的迫切需要。乡村数字基建在技术创新驱动下，面向社会治理现实需要，以智慧赋能为引领，以信息网络为基础，不断形成智慧转型、智慧赋能、融合创新等基础设施服务体系。同时，进一步以融合创新信息网络、智能工具等新技术为依托，优化资源配置效率，从而实现精准决策，实现乡村数字基建不断赋能乡村治理现代化。以数字化、网络化、智能化为核心特征的新型基础设施建设在乡村地区的大力发展，预示着我们已经逐步迈向了一个万物互联、数字赋能的乡村智治新阶段。

乡村数字基建以产业转型升级为任务目标。数字基建以产业转型升级为发展导向，助推传统产业向新型产业迭代升级。在数字基建的驱动下，新一代信息技术将加快与新产业、新能源、新材料等的交叉深度融合，引发群体性、颠覆性技术突破，诱发一系列新技术、新产品、新模式、新业态的不断涌现，经济发展逐步往平台化、数字化方向发展。后疫情时代，作为“双循环”格局的关键着力点，乡村地区逐渐成为我国经济社会发展的蓄水池，而乡村数字基建是未来国家基础设施建设的重点发展方向。在新一轮信息技术革命的推动下，以乡村数字基建为代表的新型基础设施建设体系的搭建和完善，将给乡村地区带来新一轮的产业调整。乡村数字基建以适应新一轮科技革命与产业变革需要为导向，以促进乡村产业体系现代化为目标，以数字化、智能化为支撑，产生网络效应、平台效应和赋能效应，形成新的产业体系和产业生态，从而推动乡村产业发展向先进制造业和现代服务业靠拢，助推乡村经济向数字经济和实体经济融合发展，不断增强乡村地区的产业综合实力和竞争力。

乡村数字基建形成“建用并行”发展生态。乡村数字基建的价值在“建”中逐步形成，在“用”中充分发挥。在乡村数字基建建设过程中，通过与数字乡村深度融合，稳步形成“建用并行”的发展生态。从需求角度看，乡村数字基建对数字经济发展具有基础性功能，为数字经济的发展提供配套的软硬件支撑。围绕乡村发展需求，推动数字基建建用融合模式的形成，构建数字基础设施建用互促的生态体系，着力提升农业生产生活信息化水平。同时，通过搭建起乡村数字基建的实际应用场景，也可以更好地推动乡村公共服务水平持续提高，乡村治理效能有效提升。以生态系统的思维构建乡村数字基建体系，推进乡村数字基建理论、建设、运用与发展之间的协调平衡，以理论带动建设、以建设促进运用、以运用加速发展，从而激发数字基建的内在价值。实际上，乡村数字基建的价值不仅在“建”，更在“用”，要用好乡村数字基建这一重要抓手，让数字基建真正成为乡村产业发展、乡村智慧治理的重要引擎。

乡村数字基建的谋篇布局带来长远效应。随着乡村振兴战略的全面推进，乡村数字基建将会给乡村经济社会发展带来显著的政策效应。要把乡村数字基建置于中华民族伟大复兴的战略全局中加以把握，以全局的意识、发展的眼光、长远的视角深刻认识乡村数字基建的重要意义和发展规律。数字基建相对于传统基建而言，其建设和应用所带来的影响将会形成“冰山效应”，对乡村经济增长和乡村社会生活方式产生深远影响。以数字化、网络化和智能化为特征的乡村数字基建，瞄准的是未来中长期乡村经济社会的高质量发展，这与数字赋能乡村全面振兴的现实需要不谋而合。通过完善乡村基础设施建设，加快推进数字乡村建设，充分发挥信息化对乡村振兴的驱动引领作用，不断推动乡村社会治理变革，从而实现乡村经济社会的和谐可持续发展。在党和国家聚力推进乡村振兴的进程中，作为乡村治理现代化基础的乡村数字基建，事关乡村振兴能否有效实现的战略全局。因此，与传统基建着眼于短期需求相比，乡村数字基建更加关注战略和决策的前瞻性，更多立足于高收益、高质量、高附加值的创新发展。

第二节 数字基建与乡村智治的逻辑关系

2022年的中央一号文件强调，要“健全党组织领导的自治、法治、德治相结合的乡村治理体系，推行网格化管理、数字化赋能、精细化服务”。在数字化治理背景下，智治与自治、法治、德治深度融合，共同构成乡村治理体系现代化的整体框架。数字基建作为乡村智治的基础工程，是助力数字赋能乡村治理的关键环节，需要准确理解和把握数字基建与智治的逻辑关系。

一、建设目标：数字基建之于乡村智治的基础功能

准确理解数字基建与智治的逻辑关系，首先就需要把握数字基建之于乡村智治的基础功能。《数字乡村发展行动计划（2022—2025年）》提出，要“开展乡村治理数字化建设。加快推进农村地区数字基础设施、系统平台和应用终端建设，强化系统集成、数据融合和网络安全保障。因地制宜加强农村地区便民服务软件建设，提高乡村治理数字化、智能化、便捷化水平”。“十四五”时期，要立足新发展阶段，贯彻新发展理念，将数字基础设施升级行动的决策部署落实落地，推动数字基建赋能乡村“智治”体系，提高乡村治理现代化水平。

数字基建提供乡村智治赋能载体。数字基建作为乡村治理数字赋能的载体，通过将5G、大数据、人工智能等信息技术嵌入乡村治理体系中，实现数字基建与乡村治理的深度融合。以数字基建为载体实现智治赋能乡村治理，既是推动乡村新型基础设施建设的根本目的所在，也是乡村治理体系和治理能力现代化的题中之义。数字基建的建设，利用新型基础设施这一现代化信息技术载体，挖掘和培育各类数字治理平台，为数字时代党和政府联系群众、治理乡村提供了新的空间和载体，为乡村智治的全面推进注入了全新动能，有利于促进先进的理念、科学的方法、现代的技术、精细的标准运用于乡村治理全过程，切实增强乡村治理的预见性、精准性、高效性，不断提高乡村治理的科学化、精细化、智能化水平。乡村智治是一项系统工程，涉及安全管制、应急管理、社会服务等方方面面，以新型基础设施为载体，以现代信息技术为手段，不断赋能乡村治理，使各乡村充分调动社会资源来开展现代化乡村治理实践探索，探索出适合当地条件的乡村数字治理新模式。数字基建作为夯实乡村数字化发展的基石，有助于乡村治理的信息化、智慧化发展，实现对乡村“智治”的常态化赋能。

数字基建补齐乡村智治服务短板。数字基建推动公共服务智能化、信息化、智慧化发展，能为乡村智治有效补齐服务短板。近年来，随着乡村基础设施建设投入不断加大，公共服务条件显著改善，但是乡村治理仍然面对复杂严峻的治理环境，对政府的公共服务和社会回应提出了更高的要求。怎么让公共服务与社会环境之间更为有效适配？怎么让社会治理与社会需求之间相互协调？怎么弥合群众多元化、差异化、个性化需求与公共服务供给不足、质量不高之间的沟壑？是乡村公共服务体系建设需要解决的重点难点。数字基建通过推动乡村治理和公共服务智能化发展，能使乡村公共服务更加科学高效，是补齐乡村公共服务短板的重要力量。数字基建依托线上平台、网上终端等，有效保障网上意见反馈、便民行政服务等治理需要，使社会公共服务针对性更强、覆盖面更广、作用更直接、效果更明显，有助于推进基本公共服务均等化、普惠化、便捷化。依托公共服务与数字基建的深度融合，加快治理服务智能化、数字化建设，促进乡村公共服务向更高质量、更高水平发展，从而提高乡村群众在公共服务中的获得感、幸福感和安全感。

数字基建创设乡村智治发展平台。乡村智治的推进，配套基础设施必不可少。受地区限制、经济条件、资源禀赋、信息闭塞等因素影响，乡村治理体系相对于现代化的城市治理体系还有不小的差距，而数字基建的发展，将强化乡村治理体系的回应性和适应性，缩小城乡间的数字鸿沟，为乡村治理提供功能更加多元化的平台支撑。数字基建根据乡村治理的多元化需求，按照产业兴旺、治理有效、生态宜居、乡风文明等目标要求，依托5G、云计算、大数据、物联网以及人工智能等技术手段，在优化乡村资源配置基础上，为乡村智治创设发展平台，提供硬件载体，增强信息技术与乡村治理各个方面的耦合，使乡村地区享受信息技术发展带来的巨大红利，为推动乡村治理体系和治理能力现代化注入了强劲动力。

数字基建拓展乡村智治转型工具。数字基建为乡村智治提供了有力的软硬件基础条件，为乡村治理模式转变提供了多样化的工具和技术支撑。随着全面深化改革向乡村地区纵深推进，不少地区积极探索科学有效的、适合乡村智治推进的治理模式，切实推动乡村治理体系和治理能力现代化转型。5G基站、数据中心、信息通信、广播电视等新型网络信息设施的统筹推进，结合水利、交通、物流等乡村传统基础设施的协同融合，有效改善了乡村地区的硬件水平，切实提升了乡村智慧治理水平。同时，通过数字基建建设，也提升了乡村地区的软件水平，如“村情通”“互联网＋乡村治理”“5G乡村”“数字乡村大脑”

以及“乡村一张图”等平台软件的开发和使用，都是5G、大数据、人工智能、云计算等数字技术运用于乡村智治的实践体现，为乡村群众提供更及时、更便捷、更优质的公共服务奠定了有力基础。

二、良性互动：乡村智治与数字基建的深度融合

近年来，数字基建在乡村地区的覆盖率和利用率不断提高，数字化发展浪潮为乡村智治与数字基建的深度融合带来机遇。实现乡村智治与数字基建的良性互动，以数字基建的应用助推乡村智治效能提升，以乡村智治的理念助推数字基建建设力度加大，既能推动乡村治理模式转型，也能促进“三治结合”乡村治理体系的构建。

乡村智治与数字基建的深度融合，推动形成乡村智慧治理新模式。乡村智治以互联网信息技术为依托，将大数据、云计算、人工智能等应用于乡村社会治理全过程、全链条，为乡村治理模式转型升级提供了科技支撑。随着乡村社会利益诉求多元化、矛盾纠纷扩大化等问题不断凸显，数字基建被广泛应用于乡村智治中，为推动乡村社会治理现代化奠定了坚实的技术基础。在数字基建与乡村智治之间的良性互动下，充分挖掘数字基建在乡村智治中的多功能性价值，促进乡村治理模式的迭代升级，共同形成现代化的乡村智慧治理新模式，是乡村治理现代化的必然要求。同时，乡村智治也正反馈于数字基建建设，成为构建数字基础设施体系的有力保障。在乡村数字化发展浪潮下，加大乡村新旧基础设施的资源整合力度，推动数字基建与乡村智治互促共进，将数字乡村的发展理念渗透到乡村治理体系构建的全过程。乡村治理体系的构建，在一定程度上也会助推新一代基础设施和信息技术在乡村治理领域中的创新应用。通过打造更为开放、共享、联动的信息化治理平台，推动社会治理机制创新和乡村社会治理变革，能

有效整合乡村资源、动员乡村力量参与乡村基层事务，构建乡村网格化服务管理体系，形成资源整合、全域覆盖、多元参与的基层治理格局，实现数字基建实践效能的整体提升。可以说，数字基建通过现代化数字技术，辐射带动乡村治理技术不断升级，应用范围和程度不断扩大，不断推动乡村治理向信息化、数字化、智慧化转变。

乡村智治与数字基建的深度融合，推动构建"三治结合"乡村治理新体系。党的十九大提出乡村振兴战略后，新型基础设施建设成为承载和推进乡村治理现代化的重要助推器，数字基建为乡村治理插上智能化翅膀，推动数字赋能治理资源有效配置，是乡村社会发展的重要方向。《关于加强和改进乡村治理的指导意见》强调，现代乡村社会治理体制需要有科技支撑，把"科技支撑"作为乡村治理体系的重要部分。乡村治理现代化迫切需要以数字基建为基础，以乡村智治为理念，打破政府部门之间及多元治理主体之间的信息壁垒，实现数据互通、信息共享、统一调度、精准指挥，实现乡村有限资源的优化整合，实现乡村治理的转型升级。随着乡村智治理念逐渐深入人心，更多乡村地区积极引入新型信息化技术，加快布局数字基建，实现数字技术与乡村治理的融合创新，以数字基建筑牢乡村智治的地基和"三治结合"的基础,使"三治结合"乡村治理体系的途径与手段更为科学有效。近年来，随着数字乡村发展战略的实施推进，数字基建在乡村地区的大力发展,一些乡村地区积极探索以"智治"为核心的乡村治理新路径、新模式，走出了一条数字基建与乡村智治深度融合创新的新路子，数字赋能"三治结合"乡村治理的新格局基本形成。

三、应用场景：乡村智治中数字基建的实践运用

数字基建为提升乡村治理效能注入了新动能，推动乡村治理向数

字化、智慧化、信息化方向转型，智慧化服务、数字化管理、平台化治理等也成为一些地方乡村治理的崭新模式，一幅幅数字赋能乡村治理的美妙画卷正在中国大地上徐徐展开。因而，勾勒数字基建在乡村治理中的实践主线，挖掘数字基建助推乡村智治的应用价值，对理解和把握新时代乡村治理现代化的发展方向具有重要意义。

数字化管理。随着乡村振兴战略的全面推进，乡村地区数字化基础设施建设不断完善，推动了乡村产业数字化、乡村治理数据化的加速发展，全国各地各乡村陆续步入了数字乡村发展的新阶段，接续打造出了现代化乡村治理的数字化管理新图景。数字化管理主要依托数字基建这一基础，从数字化系统的平台建设、数字化场景的功能建设，以及数字化服务的程序建设等三个方面实现。

（浙江省德清县积极促进数字乡村发展，依托“数字乡村一张网”，充分利用数据支撑，打造“一图一端一中心”应用体系。图为德清乡村治理数字化平台。）

[典型案例]

湖州市德清县：以“全域构建数字乡村一张图”打造数字化体系

浙江省湖州市德清县以“全域构建数字乡村一张图”为重点，依托数字基建这一基础，从数字化系统的平台建设、数字化场景的功能建设以及数字化服务的程序建设等三个方面实现数字化乡村管理，开展全域数字化治理试验区建设，推进全县各乡镇的乡村智治体系，并入选2020年全国数字乡村建设典型案例，成为国家数字乡村试点。

平台建设的数字化方面，德清县通过数字平台建设，整合乡村治理资源，协调乡村治理主体，有效推进乡村数字化治理进程。在数字化平台建设当中，其核心就是依托数字基建建立起来的推进数字化治理的“一三五”架构。“一三五”架构有其深层次的内涵：“一”是依托于省市公共数据平台和城市大脑而形成的乡村大数据后台；“三”是依托“浙里办”“浙政钉”等移动应用端而建立的“一图一端一中心”应用支撑体系；“五”是五个数字化应用领域。通过“一三五”架构开展数字化、数据化治理管理，通过“大数据后台＋支撑体系＋应用领域”模式，将全村实现数字一体化，达到信息互联，实现乡村综合便民服务高效化、精细化、数字化。

治理平台的数字化方面，依托大数据等数字基建搭建治理平台，提升数字化管理活动的效率效能。通过信息数据打造“数字一张图”平台，将乡村规划、乡村经营、乡村环境和乡村治理等领域的各项信息数据都整合进其中，以实现乡村多层次、全领域、多类别的数字化治理，实现乡村整体数字化。

治理能力的数字化方面，通过数字化场景运用，提高乡村治理效率。德清县依托于“浙里办”“浙政钉”等移动应用端，建立有效的线上渠道，解决数字化党建、数字化经济、数字化服务等服务和治理问题，将数字服务融入乡村数字生活，实现乡村智慧民生。数据化管理使乡村工作效率得到空前的提高，使乡村治理工作变得更为简单快捷，切实为乡村智治赋能，推进德清县全县各乡镇的数字化发展不断向前。

德清县通过构建起完善的一体化数字乡村治理体系，促进数据化管理向基层延伸。

（资料来源：《德清乡村智治模式实践及其启示》，湖州市人民政府网。）

平台化治理。信息化、数字化、智慧化的乡村数字基建逐渐转变为乡村治理的新型治理工具，逐步构建起数字乡村平台，依托平台搭建起综合的信息服务体系，不断赋能乡村治理，带动乡村治理体系和治理能力现代化发展。通过5G、云计算、大数据等先进技术打造的乡村治理平台，能打通乡村治理的“最后一公里”，成为现代化乡村平台治理的有力抓手。

[典型案例]

大庆市：通过“数字乡村平台”的普及推动平台化治理

黑龙江省大庆市依靠乡村数字基建带动数字乡村平台推广普及，将智慧党建、政务公开、村内治安、乡村电商、乡村文旅、便民服务等内容融入平台，以平台化乡村治理打通乡村治理“最后一公里”。从2020年下半年起，大庆联通启动数字乡村推广工作。截至2021年10月，大庆联通已完成4个县、56个乡镇、482个行政村的数字乡村平台签约，完成27个平安乡村建设，安装沃家神眼353个点位，平台使用人数近3.1万人，打造了杜尔伯特合发村、林甸县丰收村、肇州县耀先村等数字乡村示范村，有力地推动了乡村振兴工作的全面展开。

在乡村治理方面，大庆联通在丰收村先后覆盖5G智能网络，建设了数字智能大喇叭、数字大屏等乡村数字基建，持续推进信息进村入户。通过加快基础设施数字化转型，搭建为农综合服务平台，利用数字智能大喇叭、数字大屏等设备将重要事项、惠民政策向全村公开，推动基本公共服务向乡村下沉。

在平台建设方面，大庆通过在乡村地区加快布局5G、人工智能、物联网等乡村数字基建，积极引入现代化信息技术，构建起乡村治理平台化体系，筑牢数字乡村的发展基础。依靠数字乡村建设“助推器”的乡村数字基建，进一步构建起乡村数字治理平台化体系，创新了智治新模式，最终实现便民暖心的平台化、一体化、集成式治理。

在乡村经济方面，大庆市依托5G、云计算、大数据、物联网以及人工智能等先进创新技术的发展，大力推进乡村平台化建设，带动乡村线上线下经济行为的双线发展与联动。在数字乡村平台的推动下逐渐弥合城乡发展鸿沟，给农民不断创收，为产业带来机遇，带动乡村的产业振兴。

未来，大庆将进一步把数字乡村建设纳入战略发展目标，认真落实《数字乡村发展战略纲要》，依托5G、云计算、大数据、物联网以及人工智能等先进技术的发展，结合各地的实际状况，大力推进乡村平台化建设，实现互联网平台的一系列赋能功能。

（资料来源：《探索乡村“智治”赋能乡村振兴》，中国青年网。）

智慧化服务。如何通过数字基建构建起智慧化服务体系，在提供智慧化服务的现实场景当中实现乡村智治，是推进乡村治理的关键问题。通过智慧化服务，给乡村治理装上了智慧化“大脑”，有力推进了乡村智治。

[典型案例]

临夏市城郊镇：凭借“掌上智慧乡村”实现智慧化服务

甘肃省临夏市城郊镇通过打造、推广和运行掌上智慧社区小程序，将联系服务群众的触角不断向下延伸，真正实现群众少跑腿、问题早发现、服务快提供。自城郊镇掌上智慧社区小程序上线运行以来，累计在“有事您说”板块收到群众反映问题165件，解决165件。城郊镇通过数字基建的核心技术打造“掌上智慧乡村”掌上云端，搭建了党建在线、工作动态、线上服务等几大核心功能板块，实现智慧化“服务”，打通联系服务群众的“最后一公里”，在快速便捷的智慧化“服务”过程中实现乡村智治。

在智慧化疫情防控方面，临夏市城郊镇利用“掌上智慧乡村”的智慧社区小程序的线上服务功能进行防控，实现往返人员的基本信息摸排、登记和筛选，并且实现线上及时的报备，利用大数据等数字基建对疫情状况进行分析和把控，大大提高了防疫抗疫工作的高效性和安全性，实现了疫情的精准防控。

在智慧化线上意见表达反馈方面，不断推进手机、电脑等终端上的掌上智慧社区的普及，乡村群众可以在“居民讨论”板块中晒自己的生活日常、发布自己的所见所闻、提出自己的意见建议，通过云端平台让乡村群众不断融入到乡村生活的大家庭里面，参与到乡村治理的大体系当中，实现乡村群众沟通交流畅通，意见表达无阻。

在智慧化意见处理反馈方面，城郊镇通过派专人线上受理群众反映的各类诉求和情况，将诉求和请求及时进行归纳整理，利用数字基建进行问题分析和决策，并在此基础上将办理结果进行反馈，第一时间在小程序上面向社会大众进行公布，实现乡村群众意见和问题的快速反馈和办理，保障诉求反馈的科学性、高效性、公开性。

（资料来源：《城郊镇：用智慧化“服务”提高乡村治理温度》，临夏市人民政府网。）

第三节　数字基建赋能乡村智治的实现路径

《数字乡村发展行动计划（2022—2025 年）》重点提到“数字基础设施升级行动”“数字治理能力提升行动”等任务，对如何加快推进数字乡村建设作出了全面部署。随着 5G、大数据、云计算、人工智能等信息技术的快速普及，数字基建的覆盖率、使用率持续提升，数字乡村发展进程逐步加快，数字赋能乡村治理新体系逐渐形成，数字基建在推进乡村智治中的支撑作用不断凸显。在深刻把握我国乡村社会治理结构转型的基础上，要加快实现数字基建赋能乡村智治，推动乡村治理体系和治理能力现代化。

一、系统构筑乡村数据信息共享格局

大数据作为拥有重大战略意义的信息资源，是赋能乡村治理体系与治理能力现代化的重要元素。目前，我国大数据在社会治理中的运用，主要集中在城市智慧社区治理上，在乡村数字治理方面的运用还比较少，大数据在嵌入乡村智治中的重要价值还有待进一步挖掘，运用大数据手段推进乡村智治体系的理论和技术还不够成熟，治理主体间的“数字鸿沟”还未完全消弭，共建共治共享的乡村社会治理格局还未完全形成，这些都对乡村智治发展产生了重要影响。大数据作为数字基建的基础元素，“大数据 +”的应用建设、平台建设，将系统构筑乡村数据信息共享新格局，将在全面提升乡村治理效能方面发挥更大作用。

要在大数据中心的支持下，促进各类数据信息广泛、高效运用于乡村治理中。借助数字基建实现乡村信息共享，挖掘、处理、传递、分析乡村多样化的数据信息，将数据高效应用于农业生产、电子商务、惠农服务等平台和系统，精准满足乡村经济社会高质量发展需要，扩

大大数据应用的范围场景。要推动乡村数据共享系统的广泛运用，加快大数据信息系统与乡村治理体系的全面深度融合。统筹布局乡村大数据中心，为就业、医疗、教育、交通、科普宣传、精神文明建设等各类治理场景提供数据支撑，推动乡村政务服务和公共服务的数字化、高效化、智能化。要利用新型基础设施建设，加强相关部门单位的数据共享和信息对接，建立空间化、智能化的新型乡村数据共享系统，打破“信息孤岛”“数字鸿沟”，推动乡村社会治理专业化、数字化、智慧化。要根据协同高效、多维覆盖等原则，借助大数据技术为乡村治理搭建数据支撑平台，整合各部门、各平台的信息系统，汇集乡村服务管理信息数据，实现乡村信息数据资源的有效利用和共享，以大数据助推乡村智治迈出新步伐。实践表明，数字基建在构筑乡村数据信息共享格局中发挥着不可替代的作用，通过运用先进技术手段挖掘、处理、分析乡村生产生活的海量数据信息，激发大数据的内生能量和治理动力，能够实现更加精准高效、更加智慧智能的数字乡村治理。

二、打造乡村公共服务资源整合平台

不断满足人们对美好生活的需要，是乡村智治的最终目的和根本价值追求。但乡村公共服务体系构建还存在不完善之处，与乡村群众的多样化现实需求还有一定差距。当前，乡村社会在技术、资金、人才等方面的资源投入相对有限，乡村公共服务平台建设规模较小、覆盖率不足等问题依然存在，这严重影响了乡村公共服务的质量和实效。在很多乡村地区，村民参与乡村治理的渠道和途径有限，没有把群众的诉求意愿真正融入到乡村智治体系当中，多元参与主体缺位导致乡村智慧治理效率低下。为此，要积极利用数字基建加大乡村信息资源整合共享力度，大力推广应用现代化信息技术手段，打造乡村公共服务资源整合信息化平台，推进智慧治理向乡村延伸，为乡村群众提供便捷、高效、满意的公共服务。

要积极探索构建起乡村数字治理框架体系，构建起数字化服务平台，实现乡村治理数字化平台全覆盖。注重发挥数字基建的作用实效，打造集经济发展、文化建设、生态环境保护等各项事务于一体的数字乡村治理平台，推动构建公共服务系统和社会管理系统有机结合的智慧化平台，提升智慧党建、应急管理、政务公开、便民服务等事务的智慧化水平，切实解决乡村治理中的实际问题。要坚持以乡村群众现实需求为导向，逐步完善“互联网 +”的一体化乡村公共服务平台。通过打造乡村公共服务平台，打通服务群众的“最后一公里”，拓宽村民参与乡村治理的渠道和途径，拓展村民参与治理的广度、深度，推动社会综合治理精细化和乡村治理信息化，进一步推进乡村政务服务网上办、掌上办、一次办。要强化数字基建在乡村社会治理中的实践应用，实现各类公共服务平台的协调统一。通过整合乡村治理资源，整合乡村公共服务平台，使平台间的“平台差距”和“数字鸿沟”在信息技术的作用下逐渐弥合，为乡村治理添“智”提“质”。通过夯实数字基建地基，打造一体化公共服务云平台，构筑起体系完备、功能强大的乡村智治“大厦”。

三、全面提升乡村智慧治理能力

受城乡二元结构影响，乡村地区经济发展、教育水平、信息化程度等都存在不平衡、不充分的问题，在信息化时代尤为显著的是，城乡之间存在着较大的“数字鸿沟”。一些地方乡村群众缺乏对“数字基建”的深刻认识，也缺发对数字基建等现代化治理工具和技术的应用。因而，在社会问题、社会矛盾出现时，只是被动应对，乡村智慧治理效率不高，乡村智慧治理能力有待全面提升。作为带动乡村智慧治理的基础，数字基建在提升乡村智慧治理能力上的作用逐渐凸显。通过大力推进数字基建向乡村地区延伸，实现数字基建推动传统基础设施提质增效，创新和变革乡村智慧治理体系，从而全面提升乡村治理能力。

[延伸阅读]

乡村数字基建的核心技术

基于新一代信息技术演化生成的乡村数字基建，其核心技术主要包括5G、物联网、工业互联网、AI、云计算、大数据、智能计算中心以及卫星通信等。与乡村地区的传统基建相比，新一代乡村数字基建，广泛应用于智慧乡村、智能农业、智能交通等领域，其内涵更加丰富，范围更加广阔，技术更为先进。

首先是作为乡村产业转型升级、经济社会发展“助推器”的5G技术及配套的网络基础设施，其拥有可靠性、高速率、低延时等优势，能有效实现数字化、网络化、智能化的人机物互联，成为支撑乡村数字基建的核心关键。

其次是作为数字经济时代的重要战略资源的“大数据”，依靠数据中心在网络基础设施上实现数据的传递、计算、存储、分析、挖掘等功能，实现乡村治理的便捷性、高效性。推动数据中心的发展，加快推进各数据中心间的共享交换，打通数据壁垒，更好实现数据高效利用和数据资源全要素流通，激活数据内在价值，能有效提升数据中心在乡村社会治理、乡村经济发展等领域的利用成效。

然后是云计算，其具有高灵活性、高可靠性、高性价比等特点。云计算的核心概念就是以互联网为中心，在互联网上利用计算资源与数据中心等数字基建实现云计算、云服务、云数据处理与存储等功能。

最后是物联网、工业互联网、人工智能以及卫星通信等，在乡村数字基建中都扮演着不同的重要“角色”。

乡村数字基建通过构建起数据中心、信息平台、数字终端等数字化、信息化体系，成为数字乡村的发展、转型、升级的基石和支撑。

要充分考虑政府、村民等多元主体的多样化需求，使多元主体能依托智慧治理平台共同参与乡村治理，稳步提升乡村智慧治理能力。数字基建将为乡村智慧治理提供软硬件基础，在推动多元主体参与乡村治理、产业振兴、城乡融合等方面承担着重要载体作用，有助于构筑乡村智慧治理体系、提升乡村治理效能、建设智慧乡村。要深入推进以数字基建为基础的工程建设，积极推广应用现代化信息技术手段，完善乡村公共服务体系，提升乡村政务服务能力，实现数字赋能乡村公共服务迈上新台阶，不断提升乡村数字服务能力和智治水平。在有条件的乡村地区，要充分利用社会资源，鼓励开展形式多样的数字乡村探索，培育各类数字治理平台，提升乡村治理智慧化与乡村服务信息化的水平。要积极运用“互联网 +”“大数据”思维，依托大数据、物联网、云计算等信息技术搭建的云平台，推进乡村党务政务村务等事务的智能化，进而带动基层干部的素质、能力、工作效率的全面提升，培养造就一批懂科学、懂技术、会治理、能干事的党员干部队伍，提升全体村民参与智慧治理的积极性、主动性和创造性。

第七章
构建智治赋能“三治结合”的乡村治理新体系

党的十九大提出，要“加强农村基层基础工作，健全自治、法治、德治相结合的乡村治理体系”[①]。构建“三治结合”乡村治理体系，能够最大限度地释放乡村社会活力与能量，推动构建共建共治共享的乡村治理格局，实现乡村全面振兴和农业农村现代化。在新一轮技术革命背景下，以大数据、人工智能、区块链、云计算等为代表的信息技术，为乡村治理现代化提供了有力的技术支撑。

第一节 “三治结合”乡村治理新体系的内涵与功能

习近平总书记指出，基层强则国家强，基层安则天下安，必须抓好基层治理现代化这项基础性工作。党的十九届六中全会指出，健全党组织领导的自治、法治、德治相结合的城乡基层治理体系，推动社会治理重心向基层下移，建设共建共治共享的社会治理制度，建设人人有责、人人尽责、人人享有的社会治理共同体。自治、法治、德治

[①]《习近平谈治国理政》(第三卷)，外文出版社 2020 年版，第 25 页。

的有机结合，是目前实现乡村有效治理的基本途径，主要包括以下三个方面内容：一是以自治为主体，实现广大农村群众当家作主；二是以法治为保障，构建完善的乡村社会法治体系；三是以德治为思想道德支撑，促进乡风文明建设与乡村和谐稳定发展。

一、“三治结合”乡村治理新体系的内涵

“三治结合”乡村治理体系肇源于浙江省嘉兴市桐乡。2013 年，桐乡市在全国率先开展自治、法治、德治相结合的基层治理实践。2014 年，“三治结合”在浙江省全省范围内得到推广实践。“三治结合”的乡村治理是指在党的领导下，乡村治理主体综合运用自治、法治、德治的治理方式，为实现人民对美好生活的向往，推进乡村治理现代化的活动和过程。自治、法治、德治是促进乡村治理有效运转的不同治理方式。乡村自治是农村基层民主政治的实现途径和方式；乡村法治是推动乡村有效治理的应有之义；乡村德治是构建乡村道德体系与推动乡风文明建设的情感支撑。三者在乡村治理中紧密相关、优势互补，但三者间的结合并不是简单相加，而是有机融合，聚成合力，最大限度地发挥各自效能。

自治是乡村治理的基础。从表现形式看，乡村自治是指乡村群众在党的领导下依法对本村公共事务有效治理的过程，集中表现在民主选举、民主协商、民主决策、民主管理与民主监督等环节，以维护自身利益、增进集体利益和创造乡村整体利益为目标。从制度形态看，乡村自治是社会主义基层民主的有效实现形式，是确保村民直接行使法律赋予的权利、真正实现人民当家作主的制度安排。乡村自治的核心是积极引导广大村民主动参与乡村治理，征求群众意见，听取群众呼声，解决群众期盼，增进群众利益。

历史和实践表明，作为农村自治主体的村民，其自治效果的发挥影响着农村经济社会发展，受到乡村治理体系方向性指引和动力性支撑的影响。要让乡村自治发挥治理体系的效能，既要丰富和拓展村民参与乡村治理的方式和途径，补齐和完善相关制度性规定，也要在实践层面加强教育、宣传和引导，着力增强村民的自治理念和自治能力，彰显村民的主体地位。马克思、恩格斯曾指出：“只有在共同体中，个人才能获得全面发展其才能的手段，也就是说，只有在共同体中才可能有个人自由。”[①] 在党的领导下，乡村自治坚持以人民为中心的发展思想，使广大村民在乡村共同体中通过管理自身事务而获得自由全面的发展，并维护和保障自身的民主权利和基本权益。

法治是乡村治理的保障。狭义来看，乡村法治是指通过法律法规的形式来协调和解决乡村社会的各种利益关系、利益冲突和利益矛盾等。随着经济社会发展和乡村社会结构变迁，一些传统的习俗已经无法对乡村社会的某些现象行为进行调节，此时必须用法律法规进行规范与约束。从这个角度而言，乡村法治的实质是在乡村社会构建一整套规范乡村治理行为的法律规则体系，并不断完善相关法律规则和制度秩序，为实现乡村善治和有效发展创造有利的外部环境。当前，乡村治理矛盾突出，在用好用活国家法律资源的同时，尤其要注重发挥好村规民约在乡村治理中的规制作用。引导村民依据实际情况自行制定相应的规则，充分发挥广大村民的主体作用，尊重他们的意愿和诉求，同时要加强宣传教育，引导他们自觉认同、自觉遵守、自觉维护村规民约。

德治是乡村治理的思想道德支撑。自古以来，诸多统治者和思想家们十分重视德治在乡土社会发展中的重要作用。《论语》有云：“为政以德，譬如北辰居其所而众星共之。”孟子曰：“以力服人者，非心

[①]《马克思恩格斯选集》（第一卷），人民出版社 2012 年版，第 199 页。

服也，力不赡也；以德服人者，中心悦而诚服也。”德治着眼于社会的公序良俗，通过对民众的道德教化，为人们提供一套要求更高的行为标准，不仅关乎个人的自由平等和社会的宽容有序，也关乎国家的良法善治和兴旺发达。不管是自治，还是发展，乡村治理都无法离开道德文化的软约束作用。在调节乡村社会关系上，乡村德治比法律调解的范围更加广泛，能够弥补法治范围有限的短板，能有效发挥风俗习惯、农耕文明、传统村落文化等的调节作用，促进乡村社会文明和谐。

乡村德治的核心是培育文明乡风，发挥乡村文化的以文化人、以文育人作用。改革开放以来，在现代社会思潮影响下，乡村社会传统伦理价值理念受到了巨大冲击，一些乡村打牌赌博现象层出不穷，封建迷信、庸俗文化、恶俗文化、低趣味文化等在一些地方还大有市场。对此，要大力加强乡村德治建设，既要大力弘扬新时代文明风尚，培育文明乡风、良好家风、淳朴民风，教育引导广大群众讲道德、明大德、扬美德，也要加强教育监督管理，不断提升村民思想道德素质和文化涵养，引导广大村民自觉抵制腐朽落后文化，维持乡村社会治理秩序。近年来，多地深入开展公民思想道德教育活动、文明评先争优活动，大力推进移风易俗，弘扬时代新风，激励群众向上向好、向善向美，提高乡村社会文明程度。在乡村治理现代化中，利用道德的教化功能，不仅可以使广大村民从乡村社会不良风尚中解放出来，还有助于破除乡村社会的陈规陋习。值得注意的是，社会主义核心价值观是当代中国在价值观念上的最大公约数。推进乡村治理现代化，必须要大力弘扬社会主义核心价值观，将国家价值目标、社会价值准则和村民价值规范有机融入村民德治的各方面、全过程。

习近平总书记强调，法律是准绳，任何时候都必须遵循；道德是基石，任何时候都不可忽视。在新的历史条件下，我们要把依法治国基本方略、依法执政基本方式落实好，把法治中国建设好，必须坚持依法治国和以德治国相结合，使法治和德治在国家治理中相互补充、相互促进、相得益彰，推进国家治理体系和治理能力现代化[①]。法律是最基本和最重要的行为规范，在规范社会行为、调节社会关系、维护社会秩序中发挥着重要作用。道德是内心的法律，植根于一定的历史文化传统、社会背景和风俗习惯之中，通过约束人们深层次的内心，从而更进一步约束其外在行为。任何国家和社会要想实现有效治理的目标，都需要法律法规和道德自律的共同作用。任何乡村要想实现良善的治理目标，也需要相应发挥自治、法治和德治相结合的乡村治理体系的强大功效，让“三治结合”乡村治理体系的实践充分转化为乡村治理的实际效能。

二、“三治结合”乡村治理新体系的功能

在乡村治理新体系中，自治、法治、德治属于三种不同含义和功能指向的治理方式，三者有各自的功能定位和适用性。“三治结合”不是自治、法治、德治的简单合并或机械组合，而是按照一定的机制、一定的方式进行有机融合，充分发挥三者各自的优势特色，形成“三治结合”的乘数效应。

首先，自治能够释放基层活力，释放和突出基层群众自治制度功效。当前，我国正处于实现中华民族伟大复兴的关键时刻，社会主要矛盾也发生了深刻转变，人民对美好生活的需求更加强烈。“三治结合”治理体系旨在引导广大村民积极主动参与到本村公共集体事务和自身事务的治理过程，以科学理念和方式带动村民在治理实践中实现自治、法治与德治的有机结合。当前，村民参与针对公共事务等乡村治理实践的积极性不甚明显。因而，实施村民自治，可以增强村民参

① 《习近平谈治国理政》(第二卷)，外文出版社 2017 年版，第 133 页。

与的积极性，在一定程度上可以促进全过程人民民主在基层落地生根、开花结果，大力激发乡村社会高质量发展的动力与活力。

要通过多种途径和方式来激发自治活力。例如，通过民主选举来有效保证村民参与治理。同时，在治理乡村事物的过程中，对于本村重大事项或与村民自身利益息息相关的事情，要采取民主决策的方式，让村民参与到这一过程中来。民主管理的方式与途径也要得到相应的扩展，强化村民的参与权，增强村务公开的透明度，以村民自治组织为载体，以民主选举、民主协商、民主决策、民主管理和民主监督为手段，来决定乡村重大事务。通过村民代表会议、党员大会、村民议事会等渠道，激励和确保村民维护自己的利益与乡村公共利益。村务公开的事项、内容、主题、时间等做到简洁明了、通俗易懂，除了采用简报、传单、公开栏、民主听证会等传统形式，还应该将村务公开与电子屏、微信群、公众号、自媒体等线上平台联系在一起，充分利用现代科学技术，不断改进和创新村务公开的形式与手段，争取让村务公开的形式更加多样化、公开的时效性更强。定期把本村的重大决策、重大事项、活动及民主评议结果进行公开，充分利用线上渠道广泛征求村民的意见和建议，接受广大村民的监督。

其次，法治保证社会秩序稳定，促进社会公平正义。党的十八大以来，习近平总书记高度重视维护和促进社会公平正义，提出“公正是法治的生命线”，明确“不论处在什么发展水平上，制度都是社会公平正义的重要保证”，强调“司法是维护社会公平正义的最后一道防线”，要求“努力让人民群众在每一起案件办理、每一件事情处理中都能感受到公平正义”。“理国要道，在于公平正直。”党的十九届五中全会擘画了我国未来发展蓝图，在提出“十四五”时期经济社会发展必须遵循的原则时明确“促进社会公平，增进民生福祉”的内容。依法治理是当前乡村治理工作中的重点难点内容，法治作为维持乡村秩序和治理法治化转型的重要手段，其在乡村振兴过程中起到了不可或缺的作用。

在当前背景下，通过法治途径，可以有效化解乡村中存在的一些矛盾，也能有效维护乡村社会的良好秩序。现实来看，在实际法治过程中，相关部门需要注意将依法治理的思维、理念和方式贯彻在基层治理实践中，结合法治思维对社会治理中的不同工作有效规划，处理基层不同类型的社会问题，注意采用法治方式，采取针对性的方法。从理论层面来看，法治思维既包括法律制度，同时还包括村规民约等方面的内容，在乡村治理过程中，应用村规民约以及法律法规，能够对村民的行为加以约束，有效缓解村民与村委会及乡镇政府之间出现的冲突和利益纠纷等，促进乡村法治化的发展，有效保证村民的民主权利，促进共识的生成，有效化解乡村发展中出现的障碍和矛盾，有效实现乡村治理体系现代化发展。公平正义是我们党追求的崇高价值。

最后，德治可以推动乡风文明建设，营造乡村善治的浓厚氛围。德治是乡村治理现代化的思想道德支撑，是建立“三治结合”治理体系的关键内容。德治旨在通过道德的教化作用规范村民的社会行为，从而实现对乡村的有效治理。它主要表现为以良好家风形成家庭美德、以加强道德修养培育个人品德、以个人实践的方式弘扬社会公德，具有潜移默化、春风化雨、润物细无声的育人功能和引导作用。中华民族光辉灿烂悠久的历史文明孕育了丰富的乡村文化，在不同的地区，具有截然不同的道德传统，它们对乡村产生了深远持久的影响。

改革开放以来，随着市场经济的快速发展，农村地区的经济得到较快发展，村民的生活水平不断提升，生活质量不断改善，但在经济发展的同时，一些乡村地区也出现了一些不良现象，如享乐主义、拜金主义、攀比之风等。有些落后的农村地区由于受到封建社会残留的腐朽思想的侵蚀，观念保守、重男轻女、信奉迷信等。这些不良风气影响着乡村社会的稳定发展，给乡村治理增加了难度。因此，乡风文明建设成为乡村治理任务中的关键选择，其目的在于精准化解因发展出现的一系列不良文化影响和风气问题。

乡风文明是乡村振兴战略的重要目标，也是其灵魂和有力保障，是乡村道德建设的积极状态，也是乡村优秀文化的重要组成部分。然而，在新时代乡村治理中融入德治元素，可以促进乡风文明建设，有效防范农村伦理道德异化、不良习俗泛滥、赌博恶习泛起和封建迷信思想死灰复燃等不良社会风气。将德治作为乡村治理的重要手段，加强村民的思想道德建设，不仅能够塑造文明乡风，也可以促进乡村社会的稳定发展。只有不断强化乡村治理的道德涵养，发挥道德的引导作用，使其为乡村治理现代化提供坚实的道德支撑，才能使自治和法治的作用得到充分发挥，才能使道德自身的价值引领功效得到应有彰显。从某种程度上看，德治能够助力提升村民自治水平，弥补法治的不足。在乡村治理体系中，自治、法治、德治缺一不可。在这其中，德治具有引领作用，能够改善乡村社会风气，提升村民自我修养，引导乡村治理走向良性发展的道路。当前，虽然随着农村基层民主政治的发展，村民自我管理、自我服务的能力有所提升，但在具体的实践过程中，一些地方仍存在村民参与公共事务积极性较低、外部监管缺失、村委会行政负担过重等问题。为应对自治与法治的某种不足，需要德治的“润滑剂”作用，既要运用乡村约定成俗的道德规范和非正式规则，也要借助道德自律手段提升村民的治理水平。

第二节　智治赋能“三治结合”乡村治理的总体原则

2019 年 5 月，中共中央办公厅、国务院办公厅印发的《数字乡村发展战略纲要》指出，“数字乡村是伴随网络化、信息化和数字化在农业农村经济社会发展中的应用，以及农民现代信息技能的提高而内生的农业农村现代化发展和转型进程"。加快推进数字乡村建设，既是补齐农业农村现代化发展短板的重要举措，也是实现乡村全面振兴的关键一环。要充分利用现代信息技术，建立数字乡村，提升乡村数字治理水平和效能。"坚持党建引领"是新时代推进乡村治理现代化的必然要求，"以人民为中心"体现了村民作为乡村自治的主体地位，坚持"三治"优势互补将最大限度地发挥"三治结合"的合力。

一、坚持党建引领

党建引领是指乡村治理中应该充分发挥乡村基层党组织的引领作用和党员的先锋模范作用，突出其政治领导力、思想引领力、群众组织力、社会号召力。在乡村治理中，乡村基层党组织要发挥战略引领作用，宣传党的政策主张，贯彻执行党的决定，维护和保障本村的集体利益。乡村基层党组织是贯彻落实党中央重要决策部署的"最后一公里"，是乡村振兴战略的带头者，是中国共产党联系人民群众的桥梁与纽带。因此，必须以党建引领为基本原则推进乡村治理实践，突出它的政治功能，团结带领广大村民积极参与乡村治理的过程。具言之，要加强农村基层党建工作，鼓励农村基层党组织和党员干部牢固树立为村民服务的使命感，提高为村民服务的能力，夯实乡村治理的群众基础。在推进乡村治理的过程中，应充分发挥村民的主体作用，以实现共同富裕作为出发点和落脚点，维护村民的根本利益，让村民积极地参与进来，提高村民的幸福感和安全感，这对推进乡村治理现代化具有重要意义。由此可见，乡村基层党的建设引领乡村治理，是坚持以人民为中心的发展思想的内在要求，要充分发挥农村基层党组织在乡村治理中的优势，提升农村基层党组织政治能力，坚定以人民为中心的政治立场。要在满足乡村广大人民群众美好生活新需求上下功夫，打牢乡村治理的民心基础。

（常州市大力实施党建引领乡村振兴“五大行动”，村级集体经济实力持续增强，美丽乡村“5 区 24 点”的党建工作示范项目全面落地。）

党的领导是实现乡村治理有效的重要政治保障。坚持和加强基层党组织对“三治结合”治理模式的全面领导，促进自治、法治、德治三者之间的整体性、系统性和协同性，才能推动三者真正融合。坚持和完善党对乡村基层治理的领导，是中国特色社会主义制度在乡村工作的具体贯彻，需将其作为贯穿中国特色社会主义乡村善治道路的一条主线。在乡村治理中，应始终坚持党的政治建设，维护乡村党组织治理乡村的领导核心地位，加强党对乡村治理工作的集中统一领导，发挥把握乡村治理方向、制定政策、谋划大局、促进改革的主心骨作用；坚持党管乡村的原则，推动全面从严治党向乡村延伸，保证乡村治理的廉洁高效，推动乡村治理跨越式发展；加强党的建设，尤其是政治建设，为构建“三治结合”乡村治理体系营造良好的政治生态；以党的领导保证基层治理的正确方向，以精准服务强化基层党组织政治功能，以党组织为核心构建共建共治共享格局，以基层治理成效检验基层党建。在党的领导下，推进“三治结合”乡村治理体系的构建，推进乡村治理现代化的实现。

党建引领能够确保三治工作的统一领导和协同推进，提升整体治理效果。党建引领乡村治理是新时代加强和完善党的领导的内在要求，同时也是实现乡村治理有效的重要政治保障。中国共产党在乡村治理中起着总揽全局、协调各方的领导核心作用，乡村基层党组织具有“覆盖广泛、渗透有力、适应性强”的特点[①]，在协调复杂利益关系和发动群众投身乡村治理等方面发挥着战斗堡垒的作用。在“三治结合”乡村治理创新实践经典案例中，党建引领既是显著标志，也是案例成功的关键。譬如，四川省旺苍县的“头雁领航”行动和“先锋工程”行动，贵州省余庆县的“乡村振兴党旗红”行动，山东省安丘市的“村级党组织评星定级制”和“农村党员积分管理制”等举措，大力整顿软弱涣散党支部和后进党员，极大地增强了乡村基层党组织在乡村治理中的领导力。

从实践来看，随着乡村振兴战略的实施、电商产业的兴起及数字农业的蓬勃发展，一批掌握数字技术、互联网技术、自媒体、具有敏锐的互联网思维的村民，积极投身农业农村发展，成为乡村治理中一道靓丽的风景线。通过党建引领 + 线上直播带货的新形式，党员干部可以成为网红，通过进驻电商平台、抖音、快手、朋友圈等线上渠道发布农产品信息，积极宣传本地农副产品，为本地农副产品拓宽销售渠道。通过强化村民的互联网意识，努力发展好农村电商，一方面可以为农村待业人员提供大量的就业岗位，让村民留乡工作，让农民创业变得更加便利，还有利于农产品的销售，提升农产品和服务的流通效率，实现农村集体经济和村民发家致富“双丰收”。另一方面，它可以带动当地旅游与文化的发展，通过党建引领，带动“党建 + 旅游”“党建 + 文化”，统筹推进特色田园乡村、美丽乡村以及特色小镇建设，发展旅游产业，彰显文化底蕴，让乡村经济、文化变得更加有活力。

[①] 胡小君:《从维持型运作到振兴型建设：乡村振兴战略下农村党组织转型提升研究》，载《河南社会科学》，2020 年第 1 期。

二、坚持以人民为中心

以人民为中心，尊民意、靠民力。党的十九大指出，“带领人民创造美好生活，是我们党始终不渝的奋斗目标”。以人民为中心诠释了中国共产党的根本政治立场。中国共产党自成立之日起，就始终把人民放在最高位置，为人民的利益和幸福而努力工作。乡村治理是国家治理的重要组成部分，也是乡村建设一项极其重要的任务，是推进国家治理体系和治理能力现代化的基石，是一项复杂而持久的系统工程，关系到社会的和谐稳定与人民的幸福安康。针对乡村治理过程中面临的新挑战，要坚持以人民为中心的基本原则，提出有效解决问题的对策与措施，引领更多的主体积极参与乡村治理，努力提升乡村治理能力与水平。

农民群众是农村社会治理的力量源泉。在新时代乡村治理的实践中，要始终坚持以人民为中心的发展思想，始终抓住广大农民群众最关心的问题，让农民群众成为乡村治理过程中最积极的参与者、最大的受益者。在推进乡村治理现代化的进程中，农民群众既是乡村治理的主体也是乡村治理的客体。没有广大村民的积极主动参与，自治、法治、德治也难以进行。乡村治理新体系，必然是在党的引领下，遵循农村社会发展的基本规律，遵循地区政治、经济、文化、社会、生态文明的现实情况，回应人民对美好生活的向往与追求。

在推进“三治结合”乡村治理新体系的过程中，必须始终坚持“以人民为中心”的基本原则。充分尊重农民意愿、维护农民权益、依靠农民力量，着眼于村民身边实际的困难问题，以群众得实惠、增进人民幸福为出发点，不断提升农民群众的安全感、获得感与幸福感。乡村治理坚持“以人民为中心”的基本原则，坚持与人民共建美好生活、与人民共治乡村事务、与人民共享发展成果，增进人民利益和幸福感。

乡村治理要求坚持人民的主体地位，尊重人民的首创精神，践行新时代的群众路线，将群众路线贯穿于乡村治理政策制定、执行、评估的全过程，乡村事务决策要有深厚的民意基础，并以群众满意度为治理考核的根本标准。

推动乡村治理必须坚持以人民为中心，引领乡村“自治”。自治是国家赋予乡村成员实践民主、参与乡村治理的重要载体。重视发挥村民在乡村治理中的主体性作用，强化其自治意识，强调其参与治理的必要性与重要性，使其既成为乡村治理的参与者，也成为乡村振兴的受益者，真正从中获得幸福感、获得感和安全感。

推动乡村治理必须坚持以人民为中心，引领乡村“法治”。乡村是每一个农民赖以生存的栖息地，乡村建设与治理事关农民的根本利益。而农民能否积极、主动地参与其中，关系到最终能否实现农民作为利益相关者的利益。由此，须以规章制度的“硬约束”筑牢治理底线，使乡村治理得以在“维护农民权益、规范市场运行、农业支持保护、生态环境治理、化解农村社会矛盾”等方面发挥重要作用。

推动乡村治理必须坚持以人民为中心，引领乡村“德治”。道德通过自身多样化的表现形式，滋养着每一位村民内心准则，塑造着乡村运行的伦理规范，因此，应以道德文化的“软约束”建构治理基础，通过加强乡风文明建设、挖掘和继承乡村优秀传统文化、发展文化产业等，培育乡村文明新风尚，满足广大村民的精神文化需求。

三、坚持“三治”优势互补

自治、法治、德治相结合的乡村治理体系，是推进国家治理体系和治理能力现代化的重要内容。虽然自治、法治、德治属于三种不同的治理方式，但是三者可以互相弥补，相辅相成，聚成整体的、系统的乡村治理体系，自治、法治、德治缺一不可。“三治结合”并非三者的简单相加，而是基于自治、法治、德治的各自优势，将三者的功能更好结合在一起，综合发挥作用。一是以自治为主体，保障和实现村民当家作主；二是以法治为保障，构建完善的乡村社会法治体系；三是以德治为支撑，强化对村民的道德约束作用，促进乡村和谐稳定发展。

乡村法治可以惩处村民违反相应制度、法规的不良行为，但无法按照法治程序解决所有问题。对于农村基层来说，一些矛盾纠纷很难进入法治轨道，乡村德治作为一种软约束作用的柔性治理，尽管它可以广泛调节各种社会关系，但是不能强制性地限制村民的一些行为，于是需要发挥法治与德治的独特作用，让它们互相弥补。

自治是基础。法治、德治都离不开自治的支撑。农村村民委员会是村民自我管理、自我教育、自我服务的基层群众性自治组织，村民在村委会进行民主选举、民主协商、民主决策、民主管理、民主监督。法治、德治包含在村民行使民主权利、参与公共事务的过程中，离开自治，法治、德治也就失去了载体。

法治是保障。自治、德治都必须遵循法律规定，在法律范围内进行活动，任何人和组织都无超越法律之权力。乡村自治并不意味着不受任何约束，而是必须依据法律规定进行。同时，对明显违反公序良俗、法律法规的行为，也需要依法律予以惩戒和规制。

德治是导向。它在自治与法治之间起到润滑作用。乡村自治中，需要充分利用村规民约，引导村民自觉践行社会主义核心价值观，发挥好德治教化作用，提升治理水平。此外，农村基层涉及的事务繁杂，对法律难以调节的事务，需要充分发挥道德的约束力。自治、法治、德治相结合的乡村治理体系的构建，为推动乡村治理体系现代化提供了方向性指引和动力性支撑。

第三节　智治赋能“三治结合”乡村治理的实现路径

智治的技术赋能作为乡村治理新体系的技术支撑，是实现乡村治理的重要路径。随着科技的日益发展与技术的革新，“三治结合”乡村治理体系也需要与时俱进，利用各种现代化手段，将智治嵌入“三治结合”的乡村治理新体系中，为“三治结合”提供了实现路径。当前，三治结合的重难点落在“结合”方面，如何有效整合这三种治理方式成为关键性困境。智治赋能推进自治、法治、德治“三治结合”，为其提供了行之有效的实现路径。

一、提升智治赋能“三治结合”实效

智治为“三治结合”提供技术支持。当前，互联网、人工智能、大数据、云计算等新一代网络技术的快速发展，赋予了智治巨大的能量。数字化成为乡村发展的加速器，数字乡村就是云计算、大数据、人工智能等数字技术在乡村发展、乡村治理的应用，是乡村振兴战略的重要组成部分。在农村网络基础设施优化、信息技术渗透与资源共享等方面发挥了积极的作用。智治是指通过数字化、信息化推动治理精准化。

要通过网格化管理解决基层治理中存在的问题，用现代信息技术的应用创新，推进乡村治理数字化转型。建设基层社会治理智能平台，推动自治、法治、德治“三治结合”。比如，移动云平台的运用充分发挥技术优势，在乡村关键区域部署云喇叭，将文本、短信等内容直接转为广播进行现场喊话，或接入三方信息发布平台，通过手机为村民播放包括防疫知识和政策科普、党史学习、农业生产等方面的新知识，助力乡村治理迈上新台阶。依托微信公众号开通“民意上传”模块，接入工作平台，引导群众上传社情民意、参与乡村治理。督促镇

村干部及时处置群众上传诉求并公告结果，提高群众满意度。要深化网格化管理，构建“党支部＋网格党小组＋网格员”治理格局，通过“慧眼工程”相互预警、联防联控。要推行村民积分制管理，组织党员、群众根据村规民约制定积分规则，引导党员、群众积极完成环境治理、志愿服务等积分评比项目，形成党员带头示范、村民踊跃参与的共建共治共享新格局。

二、构建简约高效的智慧治理体制

健全农村基层服务体系，构建简约高效的智慧基层治理体制可以为乡村治理提供稳固的体制保障。自治、法治、德治相结合的乡村治理新体系是一个有机结合、相辅相成、优势互补的整体，它们如果独自发挥作用，则难以聚成合力，从而减弱治理效果，因此必须使用系统性思维进行管理，统筹兼顾。

要建立智治中心，着眼优化乡镇机构编制资源配置，建立乡镇基层社会治理中心，根据治理平台功能，将法律服务、平安建设、应急管理、人民调解、民政服务等职能划入中心，落实专人开展社会治理平台日常维护、信息处置，抓好平台管理。要通过建立网络平台，整合网格化管理、矛盾纠纷多元化解等系统资源，设置党的建设、人口管理、项目管理、社会治安防控、特殊人群服务管理等治理模块，全覆盖采集上传、及时动态更新和管理各类信息，并开通微信连接渠道，发动群众注册使用，夯实智治基础。要通过建立运行机制，实行分类授权、分级管理制度，建立镇村两级治理责任清单，赋予镇村平台相应管理权限，明确基层治理任务。建立健全培训、考核等工作制度，加强平台运用日常监测，通过平台视频会议端口加强工作调度，压实智治责任。下图是精讯畅通电子科技有限公司运用物联网和人工智能云平台提供的智慧乡村综合管理云平台解决方案。

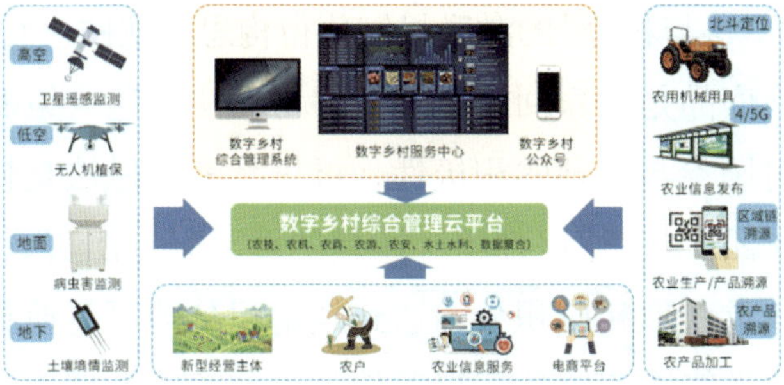

（数字乡村综合管理云平台运用大数据、人工智能技术，创新乡村管理及服务模式，助推农业发展。）

概言之，基层政府作为乡村治理进程中的责任主体，承担着统筹、指挥、监管等职能；村级组织和村民作为乡村自治的主体，享有民主选举、民主决策、民主管理、民主监督的合法权利。根据《村民委员会组织法》的规定，贯彻落实基层政府与村民委员会的指导关系而非领导关系，明确村民自治的边界和范围，确保乡村自治的真实性和有效性。通过创新和完善基层管理体制，“三治结合”乡村治理体系有望实现从行政化到自治化、从碎片化到整体性、从单一效能提升到综合效能显现的深刻变革。

三、健全激励群众参与的长效机制

村民是“三治结合”乡村治理最重要的参与主体，其参与程度与治理有效实现的程度密切相关。建立长效激励机制是维持村民参与热情，确保治理主体到位的必要举措。激励机制发挥作用的原理在于通过满足人的多元化需求来调动人的积极性和主动性。根据马斯洛需要层次理论，人有物质与精神的双重需要。相应地，对人的激励也应体现物质激励和精神激励并重的原则。具体到乡村治理的实践中来，可以考虑从村民和乡村两个维度创新激励机制，以实现村民的长效参与。

村民层面“参与积分”的激励机制值得构思与实践。在消费市场上，参与积分兑换商品是商家回馈顾客的惯常做法。这一策略也可创新性地用于调动村民参与治理的积极性，可供参考的做法是村民无论是参与“百姓参政团”“道德评判团”还是“百事服务团”，每次参与都可以按照一定权重获取相应积分，达到规定积分即可兑换相应的物质奖品。当然，此举能够落地的前提条件是当地政府、慈善组织或慈善人士能够提供一定的资金支持。

村民层面“精神激励触发物质激励”的举措具有创新性和可行性。在此方面，浙江省德清县推行“道德信贷工程”的做法值得借鉴，该县实行“文明家庭”和“道德信贷”联姻，对获得“文明家庭”称号的村民在贷款利率、额度、流程等方面给予政策倾斜。这一做法延长了评选先进的活动链条，增进了文明家庭的“隐性”社会资本和“显性”物质实惠，并为金融信贷营造了良好的诚信环境，实现了“双赢”的局面。

乡村层面“治理与发展互促”的理念有助于实现乡村的可持续发展。以红色资源为例，集革命烈士纪念馆、烈士故居、红色文化长廊等于一体的红色革命教育基地是开展德治的有力阵地，以此为依托，开展红色旅游和红色文化体验活动，既能促进村集体经济壮大，又能带动周边村民发展乡村旅游。在乡村振兴背景下，把环境治理、生态保护、绿色发展进行有机结合，实现治理与发展的良性互动，为村民打造宜居环境和创收渠道，增进他们的幸福感和满足感，不失为激励村民参与乡村治理的长效之策。

四、创新乡村网络文化宣传路径

乡村网络文化阵地建设是指将网络媒体作为社会主义先进文化在农村地区传播的有效渠道，通过主流思想网上传播、县级融媒体中心建设、乡村特色文化宣传、乡村基层文化服务机构信息化，巩固乡村思想文化阵地。

一方面，通过网上传播主流思想。利用政府官方网站、电视广播、新闻媒介、公众号、自媒体、App 等新媒体，结合最新数据、典型案例，对社会主义主流思想进行常态化宣传报道。省级层面负责宣传贯彻党的文化宣传方针政策，指导县级宣传部门开设运营各类自媒体官方宣传账号，对党和国家政策、社会主义主流思想进行常态化宣传、解读。以文明乡风、良好家风、淳朴民风、保护传承优秀农耕文化为主题，建立优秀乡村网络数字文化选送机制，建设投稿征集平台，面向社会征集优秀乡村振兴题材稿件。县级层面负责本级官方宣传账号运营管理、内容更新、舆论引导、回应群众关切等工作，及时推出乡村振兴重点报道。由县级宣传部门对征集的优秀乡村网络数字文化作品统一规制后，分发至县级融媒体中心、乡村农村公共文化服务站点、网络平台。选拔和培养农村网络文化正能量传播员队伍，通过信息终端把优质内容传递给基层群众。

另一方面，进行乡村特色文化宣传。依托地方特色文化专题资源库，基于各级政府网站、公共文化资源服务平台、新媒体等平台开设移风易俗、优秀农耕文化、重要农业文化遗产宣传专栏。省级层面组建地方特色文化专题资源库。统筹各类乡村文化主题活动的策划、组织以及网上宣传。县级层面以传统节日、重大活动等为契机，策划、组织开展各类乡村文化活动，并通过新媒体平台扩大乡村文化活动网上传播渠道与影响力。

智治是乡村治理现代化的未来发展趋势。当前，随着互联网、大数据、云计算、和人工智能为代表的新一代信息科学技术的蓬勃发展，人们的生产活动、思维方式与生活方式受到了极大的影响和改变，同时也为乡村治理现代化带来了广阔的发展空间。要充分利用现代信息技术，转变乡村治理方式与治理手段，探索建立智治模式，整合各部门要素资源，回应农民群众的需求，满足人民群众对美好生活的向往，提升其幸福感、获得感，不断提高乡村社会智治能力和水平，推动乡村治理体系和治理能力现代化。

参考文献

1.《马克思恩格斯选集》(第一卷),人民出版社 2012 年版。

2.《习近平谈治国理政》(第一卷),外文出版社 2018 年版。

3.《习近平谈治国理政》(第二卷),外文出版社 2017 年版。

4.《习近平谈治国理政》(第三卷),外文出版社 2020 年版。

5.《习近平谈治国理政》(第四卷),外文出版社 2022 年版。

6. 林尚立:《中国共产党与国家建设》,天津人民出版社 2017 年版。

7. 全国干部培训教材编审指导委员会:《全面加强党的领导和党的建设》,人民出版社 2019 年版。

8. 于健慧:《党建引领乡村治理:理论逻辑及实现路径》,载《西北师大学报(社会科学版)》,2022 年第 1 期。

9. 秦秋霞、郭红东、曾亿武:《乡村振兴中的数字赋能及实现途径》,载《江苏大学学报(社会科学版)》,2021 年第 5 期。

10. 王晨:《基于公共价值的城市数字治理:理论阐释与实践路径》,载《理论学刊》,2022 年第 4 期。

11. 付文军:《中国式现代化道路的四重阐释及其整合》,载《探索》,

2022 年第 3 期。

12. 孔祥成、刘芳 :《中国乡村治理现代化的演进逻辑与路径选择》，载《江淮论坛》，2022 年第 2 期。

13. 邱春林 :《新时代乡村治理体系现代化的路径选择》，载《中南民族大学学报（人文社会科学版）》，2022 年第 7 期。

14. 武小龙 :《数字乡村治理何以可能 : 一个总体性的分析框架》，载《电子政务》，2022 年第 6 期。

15. 郑有贵 :《着力解决“三农”问题推动乡村振兴》，载《红旗文稿》，2022 年第 10 期。

16. 侯万锋、丁志刚 :《中国共产党百年乡村治理 : 特征、经验与转向》，载《青海社会科学》，2022 年第 2 期。

17. 蔡文成、朱荣康 :《农村基层党组织整合治理 : 优势、内涵与路径》，载《求实》，2022 年第 3 期。

18. 王为、吴理财 :《嵌入、吸纳与生产 : 新时代乡村再组织化的过程与逻辑》，载《社会主义研究》，2022 年第 3 期。

19. 李三辉 :《乡村治理现代化 : 基本内涵、发展困境与推进路径》，载《中州学刊》，2021 年第 3 期。

20. 张紧跟 :《党建引领 : 地方治理的本土经验与理论贡献》，载《探索》，2021 年第 2 期。

21. 李增元 :《“社区化治理”: 我国农村基层治理的现代转型》，载《人文杂志》，2014 年第 8 期。

22. 胡小君 :《从维持型运作到振兴型建设 : 乡村振兴战略下农村党组织转型提升研究》，载《河南社会科学》，2020 年第 1 期。

后 记

乡村治理事关亿万农民的切身利益，事关党的执政基础和国家政权基石，事关中华民族伟大复兴中国梦的实现。党的十八大以来，以习近平同志为核心的党中央高度重视乡村社会发展，制定了一系列重大战略方针，推出了一系列重大改革举措，团结带领全国各族人民如期打赢脱贫攻坚战，全面建成小康社会，成功实现了“第一个百年”奋斗目标。无论是脱贫攻坚，还是乡村振兴，乡村治理始终是实现乡村社会高质量发展的关键环节。加强乡村治理理论研究，是时代和人民赋予学术界的重要使命，是加快构建中国自主的知识体系的题中之义。

本书获中宣部宣传思想文化青年英才支持计划资助，由盛明科、蔡振华主持撰写、统稿定稿，参与本书调研、初稿写作的人员还有：刘勇、陈廷栋、曾琴、郭宇博、贺清波、张懿祯、黄旻皓、肖洪臻。

本书的撰写得到了湖南省委宣传部、湖南省乡村振兴局等单位的热忱支持。在撰写过程中，一些地方推动乡村治理现代化的探索实践、典型经验和创新案例，使我们特别感动、深受教育、备受启发，为本书研究提供了重要参考和有益启示。我们深深感到，正是因为有无数基层工作者扎根基层、服务一线、埋头苦干，才有了今日乡村社会之高质量发展，才有了乡村治理现代化的亮丽篇章。在此，谨对所有给予本书帮助支持的单位和同仁表示衷心感谢。书中援用的案例、数据、政策文本、图片等资料均尽可能做了备注，在此一并表示感谢。

由于受主客观条件的限制，书中错漏之处难免，敬请广大读者批评指正。

作　者

2022 年 7 月

图书在版编目（CIP）数据

智治 ：构建乡村数字治理新体系 / 盛明科，蔡振华著. -- 湘潭 ：湘潭大学出版社，2022.9
ISBN 978-7-5687-0868-5

Ⅰ. ①智… Ⅱ. ①盛… ②蔡… Ⅲ. ①农村－群众自治－数字化－研究－中国 Ⅳ. ①D638-39

中国版本图书馆 CIP 数据核字（2022）第 159398 号

智治 ：构建乡村数字治理新体系

ZHIZHI：GOUJIAN XIANGCUN SHUZI ZHILI XIN TIXI

盛明科 蔡振华 著

责任编辑：牛敬丹　刘　鹏
封面设计：李　平
出版发行：湘潭大学出版社
社　　址：湖南省湘潭大学工程训练大楼
电　　话：0731-58298960 0731-58298966（传真）
邮　　编：411105
网　　址：http://press.xtu.edu.cn/
印　　刷：长沙鸿发印务实业有限公司
经　　销：湖南省新华书店
开　　本：710 mm×1000 mm 1/16
印　　张：12.25
字　　数：165 千字
版　　次：2022 年 9 月第 1 版
印　　次：2022 年 9 月第 1 次印刷
书　　号：ISBN 978-7-5687-0868-5
定　　价：88.00 元